Die mittelalterlichen Taufsteine der Provinz Schleswig-Holstein

Herausgegeben mit 52 Abbildungen
von Dr. Ernst Sauermann

Verlag von B. Nöhring
Lübeck 1904.

Inhalts-Verzeichnis.

Vorwort.
Einleitung. S. 1—6.
I. Abschnitt: Die Mittelalterlichen Taufsteine aus fremdländischem Material.
      a. aus schwarzem belgischen Marmor. S. 6—15.
      b. aus Sandstein. S. 16—19.
      c. aus gotländischem Marmor. S. 19—35.
II. Abschnitt: Die mittelalterlichen Taufsteine aus Granit. 36—67.
Register: A. Ortsverzeichnis.
      B. Sach- und Namenverzeichnis.
      C. Verzeichnis der Abbildungen.
      D. Übersichtskarte über die Verteilung der mittelalterlichen Taufsteine in Schleswig-Holstein.

Vorwort.

Die vorliegende Arbeit, zu welcher die Vorstudien im Archiv des Provinzialkonservators von Schleswig-Holstein gemacht sind, ist im ersten Teil als Heidelberger Dissertationsschrift erschienen. Eine geplante Veröffentlichung der Arbeit bot der Provinzialkunstkommission von Schleswig-Holstein Anlaß, für die Drucklegung und Anfertigung von Druckplatten eine namhafte Summe als Beihülfe zu bewilligen. Die Aufnahmen und Zeichnungen nach den Taufsteinen an Ort und Stelle brachten es mit sich, daß hinsichtlich der Materialbestimmung und Ikonographie mehrfach neue Ergebnisse gezeitigt wurden. Die photographischen Aufnahmen habe ich selbst besorgt. Das Bild des Taufsteins zu Melby auf Fühnen verdanke ich der Freundlichkeit des Herrn Dr. Mackeprang, des Taufsteins zu Weiterhever dem Herrn Provinzialkonservator Professor Dr. Haupt. Als ein Mangel könnte es angesehen werden, daß die abgebildeten Taufsteine nicht im gleichen Maßstab gegeben sind; es war dies nicht möglich, weil die photographischen Aufnahmen in einer bestimmten Größe nicht erfolgen konnten. Zu meiner Rechtfertigung sei angeführt, daß die Taufsteine oft in einer Ecke stehen, häufig nach drei Seiten von Gestühl und Mauer umschlossen, bald mit dem Fuß im Boden versunken sind, auch ganz im Dunkeln oder direkt unter dem Fenster aufgestellt sind. Da die Taufsteine unverrückbar sind, so mußte häufig gegen das Licht photographiert werden. So war es geboten, um den Schwierigkeiten nach Kräften zu begegnen, den Abstand vom Objekt ständig zu wechseln. Die Aufnahme des Taufsteins zu Husby glückte erst nach dem dritten Versuch. Damit aber eine richtige Größenvorstellung möglich ist, sind den einzelnen Abbildungen die Maße beigedruckt. In der Wiedergabe der sehr flachen Reliefs an den Taufsteinen zu Wonsbeck Abb. 23, Feldstedt Abb. 27 und Norderlügum Abb. 29 macht sich der Mangel eines scharfen Lichtes besonders fühlbar. Für die Drucklegung und die Beschaffung der Druckplatten habe ich selbst Sorge getragen. Für den Druck ist die Eckmanntype verwandt. Die Autotypien sind von der Firma Meisenbach, Riffart & Co. geliefert. Es ist mir eine angenehme Pflicht, der Provinzialkunstkommission, dem Herrn Provinzialkonservator und Herrn Dr. Mackeprang für gewährte Unterstützung meinen Dank auszusprechen; desgleichen dem Herrn Buchdrucker E. Schmidt, der allen Vorschlägen gleich freundliches Entgegenkommen gebracht hat. Die Photographien zu den Abbildungen können von der Verwaltung des Flensburger Kunstgewerbe-Museums bezogen werden.

Flensburg, im Mai 1904.   Ernst Sauermann.

Berichtigung: Der S. 37 ⁶ als verschwunden angegebene Taufstein aus Großenwiehe ist während der Drucklegung aufgefunden; er gehört dem Arkadentypus an. ↝ lies: S. 8 Z. 11 v. o. Kuppe. ↝ S. 11 ¹ Aus'm Wert. K. D. d. Rhlde. Tf. X. ↝ S. 14 Z. 13 v. o. symboliques. ↝ S. 37 ¹ Kropp. ↝ S. 42 Z. 6 v. u. Edzwidel. ↝ S. 44 Z. 17 v. u. auf Schwansen. ↝ S. 56 Z. 6 v. o. der sagittarius.

Schleswig-Holstein ist ein Land, das, ziemlich abgelegen von den großen Kulturzentren, sich lange seine Eigenart in Kunst und Sitte bewahrt hat. Verwüstungen und Verheerungen, wie sie über andere deutsche Landesteile hereinbrachen, namentlich während des dreißigjährigen Krieges, haben sich hier in dem Umfange und mit ähnlichen Folgen nicht abgespielt. Die natürliche Grenze, das Wasser auf der Ost- und Westküste, war eine gute Schutzwehr; was an zerstörenden Mächten in Wirkung trat, das mußte also von Norden und Süden her eindringen; im Süden bildete zudem die Elbe auf eine lange Strecke eine vorzügliche Grenzwand. So ist es erklärlich, daß in diesem verhältnismäßig kleinen Lande mit buntgemischter Bevölkerung die Kunst sich sogar in den lokalen Eigenheiten bis auf unsere Zeit erhalten konnte; und wenn man den Formausdruck dieser niedersächsischen, friesischen, jütischen Empfindungsweise in seinen Spielarten kennen lernen will, so kann man in den Bauernzimmern des Flensburger Museums ein prächtiges Vergleichsmaterial finden. Die Bauernzimmer sind aber nur ein Beispiel, an dem sich die künstlerische Kultur, im wahren Sinne des Wortes, unserer Heimat ermessen läßt. Zieht man zu der Profankunst Werke der kirchlichen Kunst mit in die Betrachtung, erweitert sich das Bild um vieles. Die umfassende Arbeit Mathaeis über die mittelalterliche Holzplastik lehrte uns, daß schon in früher Zeit im Lande eine umfangreiche Betätigung auf dem Gebiete der Schnitzkunst bestand, eine Betätigung, die hier zwar nicht ein so gewaltiges Schauspiel in dem Ringen des sich erneuernden Stiles bot wie die Mitte und der Süden Deutschlands, die aber dennoch beachtenswert war und Interesse erweckte. Zweck dieser Arbeit ist es, die Geschichte der mittelalterlichen Plastik in Schleswig-Holstein um einen Beitrag zu erweitern; es soll ein bestimmtes Gebiet der Steinplastik, das infolge der zahlreich erhaltenen Denkmäler lohnende Aufschlüsse verspricht, der Betrachtung unterzogen werden: das der mittelalterlichen Taufsteine. Es gibt nach dem oben gesagten nichts Auffälliges mehr in der Erscheinung, daß sich viele mittelalterliche Taufsteine in Schleswig-Holstein erhalten haben, und da von einer mittelalterlichen Steinplastik, wenn nicht die Taufsteine gemeint sind, in der Provinz wohl kaum zu reden ist, so wird man die Beschränkung des Gegenstandes unserer Abhandlung auf diese verzeihen müssen. Die wenigen Werke, wie einige Bogenfelder und Grabsteine, die mit in den Begriff der Steinplastik zu fassen sind, mögen eine beiläufige Erwähnung finden. Wenn das Thema beschränkt wurde auf die mittelalterlichen Taufsteine Schleswig-Holsteins, so verzeihe man die enge Begrenzung unter Berücksichtigung, daß nur eine örtliche Beschränkung die Erzielung sicherer Ergebnisse ermöglicht. Es wird aber im Laufe der Abhandlung zutage treten, daß trotz dieser Beschränkung auf ein kleines Ländchen eine mannigfache Inbeziehungsetzung zu gleichen Werken anderer Gebiete notwendig wurde.

Bevor wir in eine Abhandlung des eigentlichen Themas eintreten, erscheint es angebracht, über die Geschichte der Taufe einen kurzen Überblick zu geben. In der Geschichte der Taufe sind drei große Abschnitte zu unterscheiden:

I. Die Periode des Christentums, in der es freistand, Erwachsene nicht nur zu jeder Zeit, sondern auch an jedem Ort zu taufen. In der Kirche, als dem gemeinschaftlichen Versammlungsort, wurde die Taufe, die als geheime und mysteriöse Handlung galt, nicht vorgenommen.[1]

II. Die Periode, in der die Taufe der Erwachsenen eine größere Feierlichkeit der heiligen Handlung und einen besonders geeigneten Ort und Platz erforderte. Man fing an, außer den Kirchen besondere Taufhäuser oder Baptisterien zu errichten; solche kommen schon im vierten Jahrhundert als etwas Gewöhnliches vor.[2]

III. Die Zeit, in der nach allgemeiner Einführung der Kindertaufe und Aufhebung der festgesetzten Taufzeiten die Baptisterien entbehrlich wurden und die Kirche und der in derselben befindliche Taufstein der gewöhnliche Ort der Taufe wurde.

Natürlich bestanden Taufsteine und Baptisterien eine ganze Zeit lang nebeneinander. Genaue Grenzen, wann Taufsteine zuerst auftreten und Baptisterien nicht mehr benutzt werden, sind wohl kaum anzugeben. Jedenfalls erhellt aus einem Beschluß der Synode zu Lerida[3] vom Jahre 500, daß es Taufsteine schon im fünften Jahrhundert gegeben haben kann. Und Baptisterien sind bis ins dreizehnte Jahrhundert nachweisbar; daß man sie in Deutschland bis etwa um 1000 errichtete, beweisen die Baptisterien zu St. Afra und St. Fridolin bei Sirzbach im Elsaß. Taufen aus der Zeit vor 1100 sind nicht erhalten oder wenigstens nicht literarisch bekannt. Hinzuweisen wäre nur auf die Federzeichnung in der Weissobrunner Handschrift (vor 814, Abb. bei Sighard), in

---

[1] Augusti. Denkwürdigkeiten aus d. christl. Archäologie, 12. S. 76. [2] ibid. II. S. 399.
[3] Omnis presbyter, qui fontem lapideum habere nequiverit vas conveniens ad hoc solummodo baptizando officium habeat, quod extra ecclesiam deportetur.

dem Bauriß von St. Gallen, wo sich am Westende des Mittelschiffes ein fons befindet und auf die Überlieferung, welche den Taufstein zu Heimerscheid, der ein Zuber ohne irgend welchen Schmuck ist, als eine Stiftung vom hlg. Willibrord im Anfang des 8. Jahrh. bezeichnet.[1] Die ersten bekannten datierten Werke stammen aus dem 12. Jahrh.: Der Taufkessel der Bartholomäuskirche in Lüttich vom Jahre 1112[2] und der Taufstein zu Freckenhorst mit dem Datum 1129.[3]

Die Schwierigkeit, mit Sicherheit in Schleswig-Holstein Taufsteine aus den ersten Jahrhunderten nach der Bekehrung nachzuweisen, ist gerade so groß wie in den Landteilen südlich der Elbe. Es fehlt an urkundlichem Material. Die Kirchenbücher reichen nur bis ins 16. Jahrh. zurück, und die Angaben über die Christianisierung des Landes sind ganz allgemeiner Art. Die paar Daten, die uns angeben, wann und wo zuerst Kirchen standen, sind für eine Geschichte der heimischen Taufsteine nur von relativem Wert.

Wir wissen, daß Holstein vom Süden her, vom Erzbistum Hamburg-Bremen, für den Glauben gewonnen wurde, Schleswig vom Westen her. 850 stand eine Kirche zu Schleswig, 860 eine zu Ripen, von dem Ansgarschüler Rimbert erbaut. Adam von Bremen berichtet, daß die Tedmarsgoi ihre Kirche zu Melintorp, die Holsten zu Scanafeld hatten. Die ersten Anpflanzungen christlicher Kultur gingen aber bald wieder verloren, sowohl in Schleswig als in Holstein. Besonders heftig tobte der Kampf in Wagrien. Um 990 wird dort mit Feuer und Schwert alles vertilgt, was die Missionsarbeit gefördert hatte; als dann unter Gottschalk eine neue Saat wieder langsam zu keimen beginnt, erfolgt ein neuer Überfall durch die Wenden (1066), in welchem Gottschalk und viele Glaubensbrüder ihr Leben einbüßen. Erst im folgenden Jahrhundert konnte in Wagrien mit der systematischen Anlage von Kirchen begonnen werden. In dem neuen Münster zu Wiepenthorp, das 1134—36 angelegt war, lag der Ausgangspunkt für die Tätigkeit Vicelins.[4] Auf seine Weisung wurde 1137 das Kloster zu Segeberg gestiftet. Seine Haupttätigkeit als Kirchengründer fällt in die Jahre 1149—52. Mit dem Osten hält der Westen gleichen Schritt. Um 1140 sind Kirchen zu Lunden, Büsum, Barmstedt, um 1150 in Burg. Für Holstein scheinen diese Daten zu besagen, daß von einer systematischen Kirchengründung erst im 12. Jahrhundert die Rede sein kann.

[1] Engling: »Die ältesten Tst. i. apostol. Vicariat Luxemburg.«. J. d. publ. de la soc. p. l recherche des mon. hist. du Luxembourg, 1858, 59. [2] Neuerdings nach 1140 angesetzt. [3] Abb. Zeitschr. f. christl. Kunst, II. Heft 4. [4] s. R. Haupt: Die Vicelinskirchen, Kiel 1884.

Im Herzogtum Schleswig faßte das Christentum festen Fuß unter Knut dem Großen 1016—35.[1] Der Versuch, christliche Kultur einzuführen, geht hier aber nicht mehr vom deutschen Süden, sondern von England aus.[2] 1075 wird mit König Swen verhandelt wegen eines nordgermanischen Erzbistums,[3] und 1103 geht das Primat über die nordischen Kirchen von Hamburg auf Lund über. 1134 wird der Dom zu Schleswig erwähnt, und 1190 war die Michaelkirche dort nicht mehr neu. Was ist aus diesen Angaben zu folgern? In Bezug auf die Geschichte der Taufsteine positiv garnichts. Zwar wenn die Baugeschichte unserer Kirchen um soviel klarer erschiene, daß man sagen könnte, so lange etwa bestanden Holzkirchen, und in diese Zeit etwa fällt der systematische Bau der Steinkirchen, so ließe sich für die Taufsteine vielleicht eine analoge Erscheinung folgern, in dem Sinne, daß man sagte, die Holzkirchen bargen die unverzierten primitiven Taufsteine, die Steinkirchen die künstlerisch bearbeiteten.[4] Aber die Baugeschichte unserer Kirchen liegt noch nicht so klar, als daß irgend welche Schlüsse dieser Art erlaubt wären. Immerhin ist es für die Datierungsfrage notwendig, Bauwerk und Taufstein stilistisch zu vergleichen, und wenn sich ergibt, daß beide im Stilcharakter nicht abweichen, wird man mit der Möglichkeit zu rechnen haben, daß der Taufstein gleichzeitig mit der Kirche erstand.

Was nun die Einteilung des Stoffes betrifft, so ist zu erwägen, ob sich eine Behandlung des zu untersuchenden Objekts in dem Sinne empfiehlt, daß man kirchspielweise von Süden nach Norden vorgeht und jeden Taufstein auf seine

---

[1] Auch in Schleswig wurden die anfänglichen Erfolge durch Heidenhand zerstört. Um das Jahr 1000 berichtet der Bischof von Schleswig, daß seine ganze Diöcese von Feinden verheert und er selbst ohne Sitz sei. Conf. Sach, Herzogt. Schleswig, S. 145. [2] f. A. Mathaei Holzplastik in Schlesw.-Holst. bis 1530. S. 222. Leipzig 1901. [3] Hasse. Schlesw.-Holst.-Lauenbg. Regesten I. 48. [4] Solche primitiven Taufsteine findet man noch vereinzelt auf Kirchhöfen, Feldern u. a. Orten. Wenn Friedrich von Warnstedt in seiner Schrift über Altertumsgegenstände, Kiel 1835, S. 44, schreibt: «Als Überbleibsel aus dem ersten christlichen Gottesdienst in unseren Provinzen sind besonders zu berücksichtigen eine zuweilen noch vorkommende Art aus Granit ausgehauener großer Taufsteine. Ein solcher findet sich am Ploener See bei Bosau und einer in der Kirche zu Schlamersdorf etc.», so sei schon hier darauf hingewiesen, daß diese Bemerkung nicht ganz zutrifft. Der Taufstein zu Schlamersdorf besteht nicht aus Granit, sondern aus gotländischem Kalkstein. Schon durch diese Materialbestimmung ist er gekennzeichnet als zugehörig zu einer großen Gruppe von Taufsteinen, die, wie wir später sehen werden, der Zeit des Überganges entstammt. Die Frage, ob der Taufstein zu Bosau, wie Warnstedt vermutet, tatsächlich der Zeit des ersten Gottesdienstes entstammt, also vorvicelinisch ist, muß bei dem Fehlen jeder Handhabe zur Datierung wohl offen bleiben. Ebenso ist der Taufstein zu Testorf möglicherweise vorvicelinisch; er wurde gefunden unter den Grundmauern der Hofgebäude: H. 1,10, Dm. 1,15. Bei der «Groten Döp» zu Süsel und dem unregelmäßig achteckigen Taufstein zu Itzehoe scheint die polygonale Form auf eine spätere Zeit hinzuweisen.

4

charakteristische Form hin untersucht und beschreibt. Natürlich ist alsdann jedes neu hinzukommende Objekt in Vergleich zu setzen mit den schon gefundenen Formen und den sich allmählich ergebenden Typen. Das Ergebnis würde bei richtiger Abwägung und Prüfung übereinstimmen mit dem jeder anderen Stoffbehandlung; aber der Weg wäre umständlich. Die natürlichste Einteilung ist die nach dem angewandten Material.
Bei den mittelalterlichen Taufen kann es sich nur um zwei Stoffe handeln, um Stein und Metall. Holz ist nicht verwandt worden. Wenigstens sind mittelalterliche Taufen aus Holz im Lande nicht erhalten. Renaissance und Barocktaufen aus Holz gibt es eine ganze Anzahl.[1] Mit der Möglichkeit, daß auch hier in mittelalterlicher Zeit Taufen aus Holz Verwendung fanden, ist aber zu rechnen. Bekannt sind mir solche in Frankreich.[2] Die Beständigkeit des Materials mag schon in sich die Lösung bergen, warum fast nichts von mittelalterlichen Holztaufen erhalten ist. Eine Sammlung und Prüfung eines großen Materials von mittelalterlichen Darstellungen des Taufaktes könnte in dieser Hinsicht vielleicht noch lehrreichen Aufschluß geben.
Da wegen der Fülle des Materials die Betrachtung auf die Taufsteine beschränkt wurde,[3] muß unter diesen eine Teilung nach allgemeinen Gesichtspunkten vorgenommen werden. Es ist zu untersuchen, ob das Material einheimisch ist oder von auswärts bezogen wurde, ob überhaupt verschiedenes Gestein Verwendung gefunden hat. Durch diese Art der Einteilung ergeben sich vielleicht, auch in formaler Hinsicht, in sich abgeschlossene Gruppen.
Eine Prüfung des angewandten Materials führt zu dem Ergebnis,[4] daß bei den mittelalterlichen Taufsteinen sowohl ausländisches wie einheimisches Material verarbeitet worden ist:

I. Als ausländisches Material kommt vor:
    a. schwarzer belgischer Marmor,
    b. Weserfandstein,
    c. Gotländischer Crinoidenkalk (Ober-Silur).

II. Als einheimisches Material nur Granit.
Von den Taufen des Landes, die, in der Summa betrachtet, hinsichtlich der

---

[1] Conf. Haupt B K D 3 S. 103. [2] Conf. die Angaben über solche in Paul Saintenoy: Les fonts baptismaux en bois figurés sur les hautes-lisses de la Cathédrale de Tournay. Anvers, 1896. [3] Die Metalltaufen, etwa 30 an der Zahl, durchgehend aus Bronce gegossen, (Blei und Silber ist nicht verwandt), sind besser im Zusammenhang mit einer Geschichte der heimischen Glocken zu behandeln, da sie, abgesehen von dem gleichen Zweck, mit den Taufsteinen nichts gemeinsam haben. [4] Siehe Haupt a. a. O. B. 3.

Stilwandlungen ein sehr interessantes Bild liefern, sind auszuscheiden alle Taufen, die aus ästhetischen und formalen Gründen nicht mehr als mittelalterlich bezeichnet werden können.
Als Zeitgrenze nach oben sei bei unserer Betrachtung das Jahr 1500 angenommen.
Ferner scheiden wir vorläufig aus der Anzahl mittelalterlicher Taufen diejenigen Stücke aus, die nur in Trümmern und Resten auf uns gekommen sind. Sollten sich im Laufe der Untersuchung bestimmte Typen ergeben, mögen die Bruchstücke, falls zugehörig, angegliedert werden; als entscheidendes Beweisstück für einen zweifelhaften Typus wird man eine Taufkuppe, einen Fuß oder einen Stiel nicht anerkennen können.

Ia. Die mittelalterlichen Taufsteine aus belgischem Marmor.

Mittelalterliche Taufsteine aus schwarzem Kalkstein oder belgischem Marmor kommen in zwölf Kirchen vor, nämlich in Ballum, Boyer, Süderstapel, Tondern,[1] Okholm, Ülvesbüll und Wißwort, dann in Tating, Bergenhusen, Hollingstedt, Vollerwiek, Friedrichstadt und Bordelum. Ein Blick auf die Karte offenbart uns, daß sämtliche Ortschaften an der Westküste gelegen sind und zwar beginnend in der Höhe der Insel Röm und hinabreichend bis zur Eider, aber nicht über diese hinaus; d. h. also, die mittelalterlichen Taufsteine aus belgischem Marmor kommen nur im Lande mit rein friesischer Bevölkerung vor, nicht in Dithmarschen.
Beginnen wir mit dem Norden, mit dem Taufstein zu Ballum. Die im allgemeinen an Taufsteinen vorzunehmende Unterscheidung zwischen Fuß, Stiel und Kuppe wird uns bei dieser Untersuchung wie bei den späteren leiten: diese Analyse wird uns das charakteristische Moment jeder einzelnen Art offenbaren. Der Fuß des Ballumer Taufsteins besteht aus einer viereckigen Platte von ziemlicher Höhe. Auf diese setzt sich in der Mitte eine kräftige, zylinderförmige Säule auf, die von vier schwächeren Ecksäulen flankiert wird. Die Basen und Kapitelle sind wulstartig. Zu beachten ist, daß alle fünf Säulen frei stehen. Auf diesem fünfteiligen Unterbau ruht die flachzylinderförmige

[1] Nur in der Kuppe ursprünglich.

nach unten schwach verjüngte Kuppe. Die Überleitung zum Becken wird vermittelt durch vier zungenförmige Blätter, die oberhalb der Wulstkapitelle sich entwickeln und an der Schrägung der Kuppe emporwachsen (Abb. 1). In der Verlängerung der vier Blattachsen sitzen am Beckenrande Menschenköpfe. Durch die Vierteilung der Kuppe entstehen an der Außenseite des Beckens Felder, die ausgefüllt sind mit Tierbildern. Im Felde, das in die Kirche hinausschaut, erblickt man im Flachrelief einen Löwen in Profil von sehr charakteristischer Auffassung; er sitzt wie zum Sprunge geduckt. Der Kopf ist dem Beschauer zugewandt; Mähne, Ohren, Klauen und Schwanz sind stilisiert. Sehr bemerkenswert ist der Schweif gebildet. Er schlägt nach rückwärts über den Rücken und endet in zwei Quasten hintereinander; der Künstler will die Fläche ausfüllen. Die Modellierung von Auge, Nase und Maul läßt auf Schulung schließen, wie sehr auch der Steinhauer an sein Schema gebunden ist. Die Darstellungen der übrigen Felder, von denen nur noch eins sichtbar ist, da der Taufstein in einer Ecke steht, zeigen ähnliche Untiere. Die vier Köpfe am oberen Beckenrand sind gut erhalten. Die Modellierung ist kräftig, aber durchaus primitiv und schematisch. Aus der Arbeit geht hervor, daß der Meister sein Material gekannt und beherrscht hat und zielbewußt das Werkzeug führte; er ist bestrebt gewesen, seine Bildungen im Rahmen des Flachreliefs so lebenswahr wie möglich zu geben; daß er stilistisch dem herrschenden Formideal unterworfen gewesen ist, braucht nicht der Erwähnung. Der Taufstein ist romanisch. Wären wir nicht durch die Detailbildungen überzeugt, so würde das gegenständliche der Darstellungen für sich sprechen. Löwen mit Knotenschwänzen, Drachen

Abb. 1. Tfst. zu Ballum, Kr. Tondern. H. 86, Dm. 96.

und dergleichen Untiere sind die Elemente, aus denen sich der tierische Formenschatz der romanischen Kunst zusammensetzt. Haupt bringt die Ballumer Taufe in enge Beziehung zu der von Hoyer.¹ Immerhin bestehen charakteristische Unterschiede. In den Bau- und Kunstdenkmälern lesen wir über den Taufstein zu Hoyer: „Auf viereckiger Platte stehen die fünf walzigen Stützen, die stärkere in der Mitte. Das Becken hat in flacher Arbeit romanisches Linienornament, auch Fratzen.² Da der Taufstein nur in der Kuppe echt ist, hätten wir Grund, ihn von der Betrachtung auszuschließen. Indessen es gibt Beweise, daß der gemauerte Fuß ursprünglich und auch richtig in der Form ist (Abb 2.). Die Abänderungen am Taufstein zu Hoyer erstrecken sich auf Unterbau und Kuppe. Mittelfuß und Ecksäulen sind leichter

Abb. 2. Tfst. z. Hoyer, Kr. Tondern. H. 117, Dm. 98.

als zu Ballum, und die Kuppe zeigt weder Verjüngung nach unten noch die zum Stiel überleitende Schrägung. Die Vierteilung ist allerdings auch durch Köpfe angedeutet, ebenfalls sind am Ober- und Unterrand Borten gezogen, trotzdem ist das ganze Bild doch wesentlich anders als zu Ballum. Die Skulptur der Kuppenfelder zeigt Linien- und Tierornamentik. An einer der sichtbaren Flächen gewahrt man eine Fratze mit breitem Maul und Hörnern. Aus dem Maul winden sich nach beiden Seiten Flachbänder von unbestimmter Form. Die Skulptur ist roh und handwerksmäßig. Es fehlt jene charaktervolle Durcharbeitung, welche die Reliefs am Ballumer Taufstein auszeichnet. Die Köpfe am Beckenrand sind nur konventionelles Beiwerk.

¹ Haupt. BKD. II. S. 560. ² ibid. S. 578.

Wo sind diese beiden Werke entstanden? Eine Sichtung des Materials ergibt, daß sich in Schleswig-Holstein auch nur annähernd Ähnliches nicht findet. Das Gestein ist von auswärts bezogen, da es in den heimischen Geschieben nicht vorkommt. Die Wahrscheinlichkeit spricht dafür, daß die Taufsteine fertig eingeführt wurden. An der Westküste Schleswig-Holsteins gibt es keine Steinlager, da das Land angeschwemmt ist, mithin auch keine Steinhauer und keine Steinhauerkunst. Die Wahrscheinlichkeit einer Einführung des fertigen Taufsteins wird aber zur Gewißheit, wenn festgestellt werden kann, daß es an anderen Orten ähnliche oder gleiche Taufsteine gibt. Die Steinart bietet einen guten Wegweiser. Schwarzer Marmor kommt in Belgien vor. Die Flußtäler der Meuse und Schelde durchbrechen mächtige Lager dieses Gesteins. Namur, Tournay und Boulogne bezeichnen die Zentren, in denen die mittelalterliche Steinplastik blühte. Die Bedeutung dieser Steinbrüche in Bezug auf Taufsteine hat schon eine angemessene Würdigung erfahren.[1] Bezüglich des Ursprungs unserer beiden Taufen bestehen demnach drei Möglichkeiten. Wir wissen, daß aus dem Stein von Marquise bei Boulogne drei Viertel der Taufen des heutigen arrondissement von Boulogne und Montreuil gefertigt wurden. Wir wissen ferner, daß die Brüche von Marquise von der gallo-römischen Epoche an bis zum 100 jährigen Krieg nach der Picardie und England Taufsteine, Grabsteine und andere Skulpturen ausführten.[2] Wenn Boulogne als mögliche Bezugsquelle dennoch abgelehnt wird, so geschieht dies aus folgenden Gründen:

 1. ist die Struktur des dortigen Kalksteins sehr grobkörnig, während das an den schleswigschen Taufen verwandte Material eine sehr feine Struktur aufweist,
 2. zeigen die in den Werkstätten von Marquise entstandenen Taufen einen anderen Typus. Vergl. die Beispiele zu Andrehen, Carly, Condette, Dauves, Henneveux, Hesdres, Hervelinghen, Saint Léonard, Longfossé, Parenty, Tubesent, Verlincthum, Wierre-au-Bois (Pas de Calais).

Die besondere Materialbeschaffenheit des Steins von Marquise überhebt uns der Notwendigkeit, am Typus die Unterschiede nachzuweisen, die sich bei einem Vergleiche der schleswigschen Taufen mit denen von Marquise herausstellen.

---

[1] Saintenoy: »Prolégomènes à l'étude de la filiation des formes des fonts baptismaux.« Publié dans les annales de la Sociétée d'Archéologie de Bruxelles; Brüssel, Ramlot éditeur 1892. L. Cloquet: »Études sur l'art à Tournay.« »Fonts de baptême romans de Tournay.« Rev. de l'art chrét. 1895. 4. Lieferung. [2] Vergl. Enlart. Manuel d'archéologie française I 1. S. 767.

Die Entscheidung zwischen Tournay und Namur ist schon schwieriger zu treffen. Die Qualität des Steins bietet hier keine Handhaben. Stilistische wie formale Untersuchungen sowie Beobachtungen über die Richtung, in der Taufen aus diesen Brüchen ausgeführt wurden, führen allein zur Gewißheit. Es ist bekannt, daß Tournay im Mittelalter wegen seiner Werkstätten einen großen Ruf hatte. Saintenoy[1] hat nachgewiesen, daß die Steinhauer von Tournay mit ihren Werken das nördliche Frankreich, Flandern, le Hainaut versahen, ja Taufsteine selbst nach England ausführten. Die Taufen von Lichtervelde, Zedelghem, Deux-Acren, Ribemont, Gondecourt, Nordpeene, Termonde und Saint-Venant sind Vertreter eines Taufsteintypus von Tournay, dem auch die englischen Beispiele von Lincoln, Winchester, St. Mary Bourne near Andover, St. Michael, Southampton und East Meon angehören. Die große Anzahl Beispiele des Typus von Tournay gestattet es, über die mögliche Zugehörigkeit des Ballumer und Hoyer Taufsteins zu diesem Typus ein Urteil zu fällen. Der Umstand, daß sogar nach England Taufen von Tournay eingeführt wurden, ließe zwar einen ähnlichen Export nach Schleswig-Holstein nicht als unwahrscheinlich erscheinen. Allein formale Abweichungen geben wieder den Ausschlag.[2] Das Becken ist ein rechtwinklig vierseitiges Prisma. Auch ist die Capitell- und Basenbildung eine so charakteristische, daß die Zugehörigkeit der zwei schleswigschen Taufen zu diesem Typus bei einer auch nur flüchtigen Betrachtung als unmöglich erscheint. Namur bleibt somit als letzte Bezugsquelle übrig. Die Brüche von Namur standen denen von Tournay auch an Größe der Ausfuhr nicht nach. Die Grabsteine von Namur reichen bis nach Châlons. Im arrondissement von Laon sind fast sämtliche Taufsteine aus Namurer Blaustein gefertigt. Das Land zu beiden Seiten der Maas bis hinab nach Venlo bezog die Taufsteine aus Namur.[3]

Unsere Annahme, daß die schleswig-holsteinischen Taufsteine zu Ballum und Hoyer dem Namurer Typus angehören, muß als bewiesen angesehen werden, wenn es sich herausstellt, daß die unterschiedenen Arten des Ballumer und Hoyer Taufsteins am Niederrhein vorkommen. Und das ist der Fall. Genaue

[1] Saintenoy. a. a. O. [2] Ir. Cloquet beschreibt den Typus von Tournay so: »La cuve basse carrée, les quatre supports d'angles avec le chapiteau caractéristique, le gros cylindre traversé par une bague dans le milieu de sa hauteur etc.« [3] Von den in Namur gefertigten Taufsteinen sind zwei Typen festgestellt. Der gewöhnliche ist der monopédiculé, von dem noch unten die Rede sein wird. Der zweite kommt seltener vor. Ir. Cloquet sagt über ihn (ibid. pag. 318): »Je reconnais que l'on trouve dans la Belgique orientale un type analogue à celui du Tournaisis, notamment à Hérentals, Achênes et Huy. Il est moins massif et offre une physionomie différente. Mais dans cette région, il paraît être une imitation du modèle tournaisien.«

Seitenstücke des Taufsteins zu Boyer befinden sich zu Hönnepel,[1] Boisheim[2] und Born.[3] Die Kuppenform ist vollständig übereinstimmend. Die Kopfbildung am Becken genau so. Stiel und Fuß bestehen aus belgischem Kalkstein und haben dieselbe Form wie zu Boyer. Daher kann auch, wie oben erwähnt, der gemauerte Fuß in der Form als richtig gelten. Auch der Typus Ballum hat Parallelstücke, und zwar in Roißheim,[4] Friesheim,[5] Menzeln[6] und Euskirchen.[7] Was die Transportfrage anbetrifft, so liegt die Antwort in einem Hinweis auf die Maas. Die Schwierigkeiten der Beschaffung von der Maas nach der Westküste Schleswigs sind nicht groß. Lebhafte Handelsbeziehungen haben schon im frühen Mittelalter von hüben und drüben bestanden. Und die Tatsache, daß das Baumaterial vieler Kirchen der Westküste über Holland bezogen wurde, hat ja schon durch Haupt eine interessante Beleuchtung erfahren in der statistischen Aufzählung von Tuffsteinkirchen. B. K. D. Bd. III und Helms Danske Tufsteenkirker. Zu erledigen wäre noch die Datierungsfrage; Clemen setzt den Taufstein zu Roißheim um 1100 an. Der Typus, der am ganzen Niederrhein und besonders im Kreise Kempen sehr häufig ist, soll sich vom zwölften bis zum fünfzehnten Jahrhundert gehalten haben. Eine genaue Datierung wird schwer zu geben sein, solange nicht die Taufen des Kreises Kempen eingehend behandelt worden sind. Aber daß die Taufsteine zu Ballum und

Abb. 3. Tfst. zu Ülvesbüll, Kr. Eiderstedt. H. 92, Dm. 84.

---

[1] Abb. Aus in Werl H. X. [2] Clemen. Bau- und Kunstdenkmäler des Rheinlandes, I 13. [3] ibid. I 16. [4] ibid. V 1. 2. S. 149. [5] ibid. V 2. S. 60. [6] ibid. I 3. S. 39. [7] ibid. V 2. S. 43.

Hoyer gleichzeitig mit denen zu Boisheim, Born, Euskirchen, Friesheim u. f. w. find und wegen der Detailbildung, die noch ganz romanifch, in das zwölfte Jahrh. fallen, unterliegt keinem Zweifel. Diefe Datierung ftimmt mit der Erbauungszeit der Kirchen überein. Beide Kirchen gehören zum Stiftsamt Ripen. Die Ballumer Kirche ift aus Tufffrein erbaut, und die zu Hoyer war es. Jetzt ift diefe eine Haufteinkirche im Übergangsftil des dreizehnten Jahrhunderts. Ein anderes Bild liefern die Taufen zu Süderftapel, Ockholm, Kotzenbüll, Ülvesbüll, Tondern[1] und Witzwort. Der Typus fei gezeichnet in dem Tauf= ftein zu Ülvesbüll (Abb. 3). Formal ift wieder zwifchen Fuß, Stiel und Kuppe

Kopf am Tfft.
zu Witzwort.
Gr. 9 × 11.

Kopf am Tfft.
zu Witzwort.
Gr. 9 × 11.

Abb. 4. Tfft. zu Witzwort, Kr. Eiderftedt. H. 111, Dm. 68.

unterfchieden. Fuß und Schaft beftehen aus einem Stück. Den Fuß bildet eine quadratifche Platte, auf welcher fich ein achtkantiger kurzer Sockel aufbaut. Die vier Ecken der Fußplatte leiten zu den vier den Ecken entfprechenden Seiten des Sockels durch Nafen über. Der Oberteil des Sockels verjüngt fich nach oben zu in Form einer kräftigen, fchön gefchwungenen Kehlung. Der prismatifche Schaft übermittelt der fchalenförmigen Kuppe die Achtteilung des Sockels. Den Oberteil der Kuppe ziert ein kräftiger Rundftab, den Ab=

[1] Nur in der Kuppe erhalten.

schluß bildet eine Platte. An den Seiten der Kuppe, senkrecht über den Nasen, springen Köpfe hervor von ungleicher Ausführung. Zu Süderstapel, Ockholm und Tondern sind sie handwerksmäßig, ohne jede Modellierung, zu Üllvesbüll und Witzwort sind die Züge belebter, auch tragen die Köpfe verschiedenartige Mützenformen, die offenbar aus spätgotischer Zeit stammen. Die Taufen zu Süderstapel und Ockholm mögen dem 13. Jahrhundert entstammen. Sollte über diese Datierung noch ein Zweifel herrschen, bieten die Details zu Witzwort weitere Argumente (Abb. 4). Abgesehen davon, daß der Taufstein zu Witzwort in der Form etwas gedrungen erscheint und spätgotische Profile trägt, weisen die spätgotischen Blätter, welche

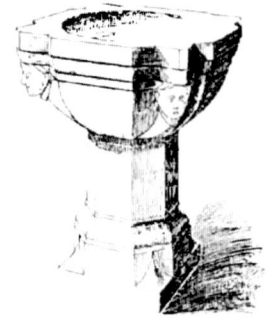

Abb. 5. Tist. zu Dinant.

mit den Köpfen in der breiten Kehlung wechseln, auf das fünfzehnte Jahrhundt. Auch der Kopfputz bietet eine annähernd sichere Handhabe für die Datierung. Die Frauenhaube mit hörnerartigen Wülsten an den Schläfen begegnet uns zuerst in Frankreich gegen Ende des 14. Jahrhunderts. Von dort aus verbreitete sie sich nach Osten und ist schon bald nach Beginn des 15. Jahrhunderts in Böhmen sehr üblich; in Deutschland, und zwar sowohl in Ober- als Niederdeutschland hält sie sich etwa seit 1430 während eines Menschenalters.

Abb. 6. Tist. zu Friedrichstadt. H. 1,09, Dm. 90.

Der Frauenkopf rechts vom Beschauer auf der Photographie des Taufsteins läßt ganz deutlich die zuckerhutförmige burgundische Haube mit Schleier und dem charakteristischen, weiten, herzförmigen Ausschnitt des Oberkleides der burgundisch-französischen Tracht um die Mitte des 15. Jahrhunderts erkennen. Außerhalb Frankreichs und Burgunds ist die burgundische Haube nur am Niederrhein und den angrenzenden Landschaften Niederdeutschlands getragen worden.[1] Die Datierungsmöglichkeit dieser fünf Taufsteine würde sich also auf drei Jahrhunderte erstrecken, wenn für Süderstapel, Ockholm und Tondern das 13. resp. 14., für Ülvesbüll und Wißwort das 15. Jahrhundert angenommen wird. Auf Grund der Ergebnisse, die bei dem Typus I resultierten, sind wir berechtigt, wieder Belgien als Entstehungsort anzusehen, d. h. die Werkstatt von Namur. L. Cloquet schreibt in Bezug auf diesen Typus:[2] «Sur les rives de la Meuse au contraire, ontrouve souvent à la même époque le type monopédiculé et spécialement en grande abondance la cuve ronde ou octogonale a l'extérieur, ordinairement ornée de quatre têtes symboliqus aux angles. Ce type mosan est fort répandu.» Eine Untersuchung hinsichtlich der Verbreitung des Typus führt in ferne Gegenden. Saintenoy bringt in den Prolégomènes die Taufen von Odilienberg, Archennes, Lustin, Flostoy, Gosnes, Bastogne, L. Cloquet a. a. O.: Hérentals, Limmel, Münster-Bilsen, Haftières, Ciney, Lixhe, Gladbach etc. Das Gegenstück des Taufsteins zu Süderstapel steht in der Kirche zu Dinant, auch aus dem dreizehnten Jahrhundert (Abb. 5.) In Belgien sind diese Taufsteine, die nie in dem Gebiete von Tournay, sondern nur in dem der Maas vorkommen, während des ganzen späteren Mittelalters gearbeitet. Die Datierungen stimmen also überein. Es wäre noch mit ein paar Worten der symbolischen Köpfe zu erwähnen. L. Cloquet sagt bei einer Besprechung der Prolégomènes: «Ajoutons que c'est sur le type caliciforme que se greffent le plus souvent les quatre têtes symboliques paradisiaques.» Diese Deutung ist die allgemeine und wohl auch richtig.[3] Soviel steht fest: In Bezug auf die schleswigschen Taufen kann diese Deutung nur Gültigkeit haben für die Taufsteine zu Süderstapel, Ockholm und Tondern. Eine gleiche Deutung den Köpfen an den Taufen zu Ülvesbüll und Witzwort zu geben, läßt die Form der Kopfbedeckung nicht zu. Für die Erscheinung, daß der Volkshumor jener Zeit sich in seinen Äußerungen nicht auf die Profankunst beschränkte, lassen sich ja mancherlei Belege anführen; warum sollte er also nicht auch am Taufstein seine Blüte treiben?

---

[1] Ich danke diese Angaben einer freundlichen Mitteilung der Freiherrl. v. Lipperheideschen Kostümbibliothek. [2] Revue de l'art chrétien VI S. 318. [3] Die Paradiesesflüsse symbolisieren die vier Kardinaltugenden oder die vier Evangelien.

Gewissermaßen eine Fortsetzung zu diesem Typus ist ein anderer, der vorkommt in den Kirchen zu Tating, Katharinenherd, Bergenhusen, Hollingstedt, Vollerwiek, Friedrichstadt (Abb. 6), Odenbüll, Bordelum, Schobüll, Welt, Pellworm und St. Johann, Flensburg. Aus dieser Reihe scheiden die drei letzten aus, da sie wohl nur als Fortsetzung in die Zeit der Renaissance angesehen werden können, sie fallen auch hinter die gegebene Zeitgrenze, da sie nach Haupt datiert sind von 1571, 1587 und 1582. Der Typus ist etwa folgendermaßen: Der Taufstein besteht aus drei Stücken. Auf einer achteckigen Fußplatte steht ein achtkantiger Sockel, der sich nach oben in schönem Schwunge konkav verjüngt. Auf den Sockel setzt sich der prismatische octogonale Stiel; dieser ist reich profiliert, er beginnt und schließt mit einer Platte. Der Durchmesser des Schaftes ist oben geringer wie unten; in der Mitte zeigt der Stiel zwischen zwei größten Einziehungen eine Platte von schöner Kehlung. Als Kuppe dient ein niederes achtkantiges Becken. Den Abschluß nach oben bildet eine ausladende Wulste und eine Platte. Die Größen bewegen sich in der Höhe zwischen 0,95 m und 1,10 m, in dem Kuppendurchmesser zwischen 0,72 und 1,05 m. Eine bestimmte Größennorm läßt sich aus diesen Zahlen nicht ableiten. Die Zeitfrage wird durch die spätgotische Form dahin beantwortet, daß diese Taufsteine im 15. Jahrhundert entstanden sein müssen. Vielleicht darf man schon um 1400 sagen. Die polygonale Form allein bietet noch keine Handhabe zu näherer Datierung. In der «Emblemata biblica», Paris Nat.-Bibl. 11560 I L. 13. Jahrh. ist ein Taufstein abgebildet, der große Verwandschaft mit unserem Typus zeigt. Allerdings ist bei der miniaturhaften Darstellung wohl aus technischen Gründen auf eine detaillierte Wiedergabe der Profile verzichtet, aber der Typus ist offenbar derselbe. Trotzdem möchte ich die Taufsteine des Typus Friedrichstadt mit Rücksicht auf die späten Profile nicht vor 1400 ansetzen, d. h. gleichzeitig mit einem Taufstein desselben Typus in der Kirche zu Jdegem.[1] Als Entstehungsort nehme ich wegen des Materials wieder Belgien an. Mit diesem letzten Typus ist der Teil der Arbeit, welcher die Taufsteine aus belgischem Marmor behandelt, zum Abschluß gekommen. Wir wenden uns jetzt zu den Sandsteintaufen.

[1] Abb. Reusens: Éléments d'archéologie chrétienne II S. 330.

I b. Die mittelalterlichen Taufsteine aus Sandstein.

Unter den mittelalterlichen Steintaufen Schleswig-Holsteins gibt es eine beschränkte Anzahl, welche aus Sandstein gefertigt sind. Es sind dies die Taufen zu Keitum a. Sylt, Witting und Welterhever.[1] Die Taufen zu Keitum und Witting gehören demselben Typus an, vertreten aber zwei Spielarten. Der Keitumer Taufstein (Abb. 7) besteht aus zwei Teilen, aus Kuppe und Untersatz. Der Untersatz vereinigt in sich Fuß und Stiel. Als Fuß dient eine quadratische Platte. In der Mitte erhebt sich der runde Sockelpfeiler mit vier Stützen, die sich von den Ecken der Platte in der Richtung der Diagonale zum mittleren Träger hinziehen. Die Stützen haben die Form von Löwen, welche auf den Kanten der pyramidal aufsteigenden Fußplatte mit dem Hinterkörper aufsitzen und die vorderen Pranken in den Säulenschaft einschlagen. Der grimme Kopf ist in wilder Bewegung zum Beschauer herausgewandt. Die Bedeutung dieser Tiere ist eine symbolische: «Es ist das mächtige, gleichwohl vergebliche Ankämpfen feindlicher Kräfte gegen die Kirche».[2] Als Träger der Kuppe liegt dem Sockel eine an der Peripherie wulstartig abgerundete Platte auf. Die Kuppe hat die Form einer zylinderförmigen Kufe, deren

Abb. 7. Ctst. zu Keitum a. Sylt, Kr. Tondern.
H. 95, Dm. 85.

unterer Durchmesser etwas geringer ist als der obere. Die Form des Beckens ist sehr einfach, ebenso die Schmuckgestaltung. Durch zwei horizontal laufende Umschnürungen wird die Kuppenwandung in drei Streifen geteilt. Den mittleren, breiten, schmückt ein Rankenband mit konventionell geformten Ausläufern. Der obere Streifen ist glatt geblieben und im unteren befinden sich aufrechtstehende, fächerartige Blattformen mit dazwischen aufgestellten Dreieckfiguren in reihungsweiser Anordnung. Der ornamentale Schmuck der Kuppe

[1] Der Taufstein zu Wesselburen ist nur in Trümmern erhalten. [2] Organ f. chr. Kunst 1868.

bekundet einen in der richtigen Bewertung der Formen wohl orientierten Meister. Die Ausführung ist höchst primitiv, um nicht zu sagen roh. Daß der Taufstein nicht im Lande gefertigt wurde, ist unzweifelhaft; er gehört zu einem Typus, der ziemlich zahlreich vertreten ist in Hannover, Westfalen, Ostfriesland und der selbst in Holland vereinzelt vorkommt. Es finden sich genaue Seitenstücke in Aufbau und Ornamentik zu Alfhausen,[1] Bippen, Haselünne, Leuwarden, Hage,[2] Groß-Borstum,[3] Marienhafe,[4] Wissel,[5] Südkirchen,[6] Nordherringen,[7] Heck,[8] Neuenkirchen,[9] Badbergen, Damme und Goldenstedt. Einer Abart dieses Typus gehört der Taufstein zu Witting an. (Abb. 8). Der Aufbau ist ziemlich gleich. Die Unterschiede sind rein ornamentaler Art. Die Stützen zeigen eine andere Bildung; sie stellen eine sitzende menschliche Figur dar, deren Arme fest an den Körper geschlossen sind. Von individueller Behandlung ist keine Spur, mit Mühe sind überhaupt nur die Körperformen zu erkennen; die Arbeit ist sehr roh. Mit nicht größerer Sorgfalt ist die Kuppenfläche geschmückt. Unter einem doppelten Gurtornament zieht sich eine Folge etwas gedrückter romanischer Bogen; die trennenden Säulchen stehen auf einer den unteren Beckenrand umziehenden Wulste. Bildnerisch ist dies Werk von geringem Interesse. Die Ausführung ist ganz gewöhnlich und handwerksmäßig. Der Typus, welchem dieser

Abb. 8. Tst. zu Witting, Kr. Hadersleben. H. 95, Dm. 90.

[1] Mithoff. Kunstdenkmäler und Altertümer im Hannoverschen, VI S. 60. [2] ibid. VII S. 106. [3] ibid. VII S. 104. [4] ibid. VII S. 140. [5] Aus'm Werk, Kunstdenkmäler der Rheinlande, Tl. X, Abb. 17. [6] Ludorff. Die Bau- und Kunstdenkmäler von Westfalen, Kreis Lüdinghausen. S. 98. [7] Nordhoff. Die Kunst- und Geschichtsdenkmäler der Provinz Westfalen, Kreis Hamm. S. 34. [8] ibid. IX S. 38. [9] Zeitschrift für christliche Kunst. VI S. 73.

Taufstein angehört, ist weniger häufig. In Ankum,[1] Salzbergen, Lathen[2] haben die Enden der Stützen die Form von Menschenköpfen. Zu Groenlo[3] ist eine sitzende menschliche Gestalt als Eckstütze gebildet. Der Taufstein zu Ankum hat auch den niederen Arkaturenfries, der in der Regel auf einem anderen Typus (Simpte) vorkommt. Es unterliegt keinem Zweifel, daß die abweichende Gestalt der Eckstücken auf dieselbe Urform zurückgeht, auf eine Urform, wie sie uns rein und unverfälscht am Taufstein von Recke[4] bei Tecklenburg entgegentritt in Gestalt ganz einfacher Stützen.

Die Ornamentik an beiden Taufsteinen ist noch ganz romanisch.[5] Der Keitumer Taufstein mag zeitlich in das Ende des zwölften Jahrhunderts und der Wittinger in den Anfang des dreizehnten zu setzen sein.[6] Auch hier kann sehr wohl das Baujahr der Kirche annähernd mit der Entstehungszeit des Taufsteins zusammenfallen. Die Keitumer Kirche ist spätromanisch,[7] ebenso die Wittinger Kirche.[8] (Der einzige dänische Taufstein, der zufolge Material und Typus diesen beiden Werken nahezubringen ist, steht in der Frarup-Kirche, eine Meile nördlich von Ripen.)[9] Über den Entstehungsort können Zweifel herrschen. Das Material ist harter gelber Sandstein,

Abb. 9. Tst. zu Welterhever, Kr. Eiderstedt.

wie er an der Weser gebrochen wird. Als mittelalterliche Gruben kommen in Betracht Bentheim und Gildeshaus. Von der Gildeshauser Grube ist bekannt, daß sie schon im dreizehnten Jahrhundert schwunghaften Handel trieb.[10] Die Bentheimer soll noch älter sein. Es erscheint daher wohl nicht unberechtigt, eine dieser Gruben als die auch für unsere Taufen in Frage kommende anzunehmen. Wahrscheinlich ist, daß diese drei Taufsteine, wie die angeführten Beispiele in Hannover und Westfalen, aus einer Werkstatt stammen.

Der Taufstein zu Welterhever ist von einer ganz eigenen Form (Abb. 9). Ob

---

[1] Zeitschrift f. christl. Kunst XI Sp. 82. [2] Mithoff a. a. O. Bd. VI S. 78. [3] Zeitschrift für christl. Kunst XI Sp. 78. [4] Abb. ibid. Sp. 81. [5] Vergleiche die Beispiele zu: Althausen, Herzlake: Mithoff a. a. O. V Tf. 3. Ochtrup, Epe: Ludorf a. a. O. Bd. IX S. 31. Simpte, Ostönnen. [6] Die Kirchen zu Marienhafe, Hage, Ankum stammen aus dem Anfang des 12. Jahrh. Mithoff a. a. O. Bd. VII S. 137 und 105, Bd. VI S. 12. [7] Haupt. B. K. D. II S. 605. [8] ibid. I S. 426. [9] Abb. Helms: Danske Tufteenkirker II Tf. 9. [10] Siehe Mithoff a. a. O. Bd. VI S. 35.

auch er einem an der Weser vorkommenden Typus angehört, wie die eben behandelten Werke, hat nicht erwiesen werden können. Sein Fuß ist halb würfelförmig und in halber Höhe pyramidal auslaufend. Auf einer dicken Wulst liegt die Kuppe in Form eines oben und unten verjüngten Zylinders. Die Kuppenfläche wird durch ein Gurtornament, ein rhytmisch angeordnetes Rankenmotiv mit eingeschlossenen Palmetten und durch ein Flechtband belebt. Stilistisch ist der Schmuck streng romanisch. Die Tatsache, daß auch in Wesselburen eine romanische Sandstein-Kuppe vorhanden ist, die ebenfalls keinem Typus angegliedert werden kann, besagt offenbar, daß man beim Import nicht auf vereinzelte Werkstätten mittelalterlicher Taufsteine beschränkt war. Die Frage, inwieweit sich West- und Ostküste in dem Bezugsorte des Sandsteins von einander scheiden, soll hier nicht aufgeworfen werden.[1] Sind auch die zwei Bogenfelder zu Schleswig und Borby aus Sandstein, desgleichen das romanische Weihwasserbecken aus Sörup (Abb. 18), ob aus schonischem oder gotländischem, ist noch strittig, so ist über die Taufsteine der Ostküste zu sagen, daß nicht ein einziger aus Sandstein vorkommt. Die Taufen, welche bisher als schwedische Sandsteinwerke galten, sind nach genauer Untersuchung in ihrem Material als gotländischer Kalkstein erkannt worden.

Ic. Die mittelalterlichen Taufsteine aus gotländischem Marmor.

Die Gruppe c der mittelalterlichen Taufsteine in Schleswig-Holstein, die im Material aus gotländischem Crinoidenkalk (Ober-Silur) besteht, ist im Lande sehr zahlreich vertreten. Es lassen sich nicht weniger als einige 40 Taufen der Art anführen. Das Material spielt etwas in den Farben. Am häufigsten kommt der grauweiße, gotländische Kalkstein vor, aus ihm sind vierunddreißig Taufen gefertigt. Seltener ist der Gebrauch des roten gotländischen Marmors; er ist verwandt an den Taufen zu Haddeby, Eggebeck, Wesenberg, Lensahn und Büchen. Mustert man die große Anzahl gotländischer Taufen im Lande auf ihre Form hin, so läßt sich ein großer Typus nachweisen, dem sich die Taufen aus rotem Stein einreihen; es liegt also kein Grund vor, diese wegen der Spielart des Materials für sich zu behandeln. Fünf Taufsteine sind nicht dem

---

[1] Haupt. Die Petertür zu Schleswig, eine Urkunde der Geschichte i. d. Münch. Allg. Ztg. Beilage 1900 Nr. 14.

Typus, der als der gotländische bezeichnet sei, anzuschließen. Es sind dies die Taufen zu Erfde, Klein-Solt, Satrup i. A., Borby und Sörup. Diese mögen nach dem gotländischen Typus für sich besprochen werden.[1] Der gotländische Typus bildet, was Form und Aufbau anbetrifft, eine in sich abgeschlossene Gruppe. Natürlich gleicht ein Taufstein nicht dem andern, wie eine Figur der kongruenten, man muß daher, will man in dem Typus noch kleinere Zusammenstellungen vornehmen, vom Detail ausgehen und nach ihm eine weitere Einteilung vornehmen. Es würde dann Abteilung a abschließen mit Boel, b mit Schönkirchen, c mit Büchen.

Der allgemeine Typus sei an dem Morsumer Beispiel beschrieben. Der Taufstein hat Kelchform. Er besteht aus Kuppe und Unterteil. Als Fuß dient in der Regel eine runde Platte, die sich mittelst einer kräftigen Kehle nach oben zu einem kegelartigen Stiel verjüngt. Als Stielabschluß dient eine Wulste. Die Kuppe hat die Form einer runden Schale; dicht unter dem oberen Rand zieht sich um diese eine schnurartige Einkehlung. Der übrige Schmuck der Kuppe besteht

Abb. 10. Tstf. aus Boirup, Kr. Hadersleben. Kirchl. Sammlg. d. Flensbg. Muf. H. 86, Dm. 95.

aus pfeifenartigen Ausbucklungen, deren jede nach oben halbkreisförmig abschließt. Zwischen jeder Auskehlung ist eine im Schnitt dreieckig geformte Rippe angeordnet; der Rundung der Kuppe folgend verjüngen sich diese Rippen

[1] Der «gotländische Typus» ist vertreten in den Kirchen zu: Morsum, Scherrebeck, Eggebeck, Jörl, Hügum, Eke, Bannesdorf, Boirup (jetzt Flensb. Museum), Lysabbel, Boel, Lensahn, Ottensen, Flemhude, Petersdorf (Sockel aus Holz), Enissau, Adelby, Bülderup, Klein-Wesenberg, Hohn, Föhr St. Nicolai, Barkau, Lintholm, Schlamersdorf, Blekendorf, Pronsdorf, Hamberge, Behlendorf, Breklum, Schönkirchen, Norburg, Braderup, Emmelsbüll, Gaddeby, Stedeland und Büchen. Eine Erweiterung erfährt diese Aufzählung durch rudimente, welche auf den gotländischen Typus schließen lassen. Es fanden sich Füße aus gotländischem Kalkstein noch zu Sonderburg, Hohenstein, Hattstedt (1903 zugehörige Kuppe beschädigt in einer Tiefe von 2,40 m bei Ausschachtung eines Heizkellers gefunden) und zu Süsel; desgl. Kuppen zu Heiligenhafen, Nordmarsch, Odenbüll, Schwabstedt (als Weihwasserbecken vermauert); desgl. Platte und Anlauf zu Waabs. Büchen gehört politisch zwar nicht mehr zum ehemaligen Herzogtume Schleswig-Holstein, aber die politische Begrenzung darf unserer Betrachtung über Vorkommen und Ausbreitung des Typus keine Schranke ziehen.

nach unten zu und endigen in gleichmäßiger Breite an der Basis der Kuppe als dem organischen Mittelpunkte. Vereinzelt wechselt der Aufbau. Die Form erscheint dann nicht pokalförmig. Kuppe und Untersatz zeigen sehr große Verhältnisse, der Unterbau gliedert sich nicht mehr als Fuß und Stiel, sondern ist ein flacher, kegelförmiger Untersatz ohne Wulst. Conf. Tste. zu Lysabbel, Eken, Hoirup (Abb. 10). Von Abteilung b ist ein Teil (bis Hohn) auf der ganzen Fläche mit spitzbogenartigem Maßwerk überspannt, der Rest in gleicher Weise mit Kleeblattbogen. Die Bogenknäufe sind halbrund, die Bogenzwickel sind schlicht bis Adelby; zu St. Nikolai auf Föhr, Klein=Wesenberg, Hohn und Barkau sind sie durch Dreipaßformen verziert, zu Lintholm und zu Behlendorf durch Rosetten; zu Hamberge durch verschiedenartiges feines Blattwerk. Abteilung c (Norburg, Braderup, Haddeby (Abb. 11), Emmelsbüll, Stedesand und Büchen) ist in der Form etwas reicher ausgestattet. Das Becken ist nicht mehr kreisrund, sondern hat Vierpaßform. Die Einschnürungen übertragen sich auf Wulst und Stiel. Die Form dieser Taufen ist sehr elegant. In Haddeby zeigt auch der Stiel Kleeblattbogen. In Norburg laufen in der Vierpaßeinschnürung

Abb. 11. Tst. zu Haddeby, Kr. Schleswig. H. 96, Dm. 85.

schwache Wulste auf, die unterhalb des Kuppenrandes in Köpfe endigen; die horizontale Kehlung wird durch die Köpfe unterbrochen. Das Beispiel zu Braderup zeigt nur einen Kopf. Die Ausbuchtungen dieser Abteilung c, gewöhnlich sechzehn, sind alle rundlich. Die Höhenmaße schwanken zwischen 100 cm und 1,06 m. Die Durchmesser zwischen 0,87 und 1,14 m. Eine mittlere Größennorm läßt sich bei dieser Abteilung, die nur fünfmal[1] vertreten ist, nicht angeben. Man sollte annehmen, daß bei der großen Anzahl von Beispielen der Abteilung a und b die Größenverhältnisse leichter bestimmbar wären. Dies ist aber nicht

[1] Im Park zu Sonderburg steht noch ein Vierpaßfuß aus gotländischem Kalkstein; es kann kein Zweifel herrschen, daß dieser auch von einem Taufstein stammt.

der Fall. Die Kuppendurchmesser schwanken zwischen 80 und 95 cm. Die Höhenmaße sind in einer mittleren Durchschnittszahl nicht anzugeben. Die Ursachen sind verschiedene: z. t. sind die Fußböden der Kirchen erneuert und höher gelegt worden, die alten Taufsteine hat man aber am alten Platze unverrückt stehen lassen; die Fußplatte wäre also zuweilen in Anrechnung zu bringen; z. t. sind die Kuppen zerbrochen und lassen nur die Zugehörigkeit zum Typus erkennen; oder aber der Stiel ist nicht mehr ganz erhalten. Bei einer Anzahl fehlt z. B. die Wulst (Eken, Bannersdorf, Lysabbel, Lintholm, Bleckendorf, Breklum). Einzelne Taufen haben überhaupt keinen Fuß mehr, wie die zu Barkau oder aber die Kuppen stehen auf einem späteren Fuß, wie die zu Ottensen und Flemhude. Man könnte aus der Wahrnehmung, daß bei einer so großen Anzahl der Fuß nicht mehr die ursprüngliche Gestalt hat und das Becken vielfach niedriger gelegt ist, einen Schluß ziehen: Die Taufen sind zu hoch gewesen. Vollständig erhaltene Taufen der Abteilungen a und b haben gerade wie die Beispiele der Abteilung c Höhen von etwa 100 cm und mehr, (Lensahn, Petersdorf, Hohn, Schönkirchen), und weil die Taufen zu hoch gewesen sind, hat man sie entweder so belassen und sich eines kleinen Trittes[1] bedient oder aber in der Weise die Taufsteine verkleinert, daß man teilweise vom Stiel die Wulste, teilweise von der Kuppe den oberen Rand abschlug. Was nun den Herkunftsort der Taufsteine des gotländischen Typus betrifft, so können nur die Insel Gotland und Lübeck in Betracht kommen. In Deutschland kommt dieser Typus südlich der Elbe nicht mehr vor, soweit die erschienenen Inventarisationen der Bau- und Kunstdenkmäler Abbildungen oder genaue Beschreibungen liefern. Ähnliche Taufen befinden sich in den Kirchen Mecklenburgs und Pommerns. Die Fünten zu Grevesmühlen,[2] Hohenkirchen,[3] Klütz[4] und Hohenvicheln[5] in Mecklenburg zeigen z. t. recht starke Anklänge an unseren Typus; die Taufen zu Eikelberg,[6] Gültrow,[7] Telkow[8] und Kalkhorst[9] stimmen eigentlich genau mit unseren überein.[10] Trotzdem ist an eine Zugehörigkeit zu dem gotländer Typus nicht zu denken, wenn die Materialbestimmung, wie sie in den mecklenburgischen Baudenkmälern gegeben ist, zuverlässig ist. Bei keiner der genannten Taufen Mecklenburgs wird das Material als Kalkstein angegeben; es ist nur

---

[1] Nach einer Mitteilung des Herrn Provinzialkonservators Professor Dr. Haupt kommen solche Trittbretter vereinzelt im Lande vor. [2] Abb. Schlie. Baudenkmäler Mecklenburgs, II. S. 349. [3] ibid. II S. 316. [4] ibid. II. S. 369. [5] ibid. II. S. 3. [6] ibid. IV. S. 153. [7] ibid. IV. S. 209. [8] ibid. I. S. 425. [9] ibid. II. S. 378. [10] Ebenfalls die Taufe zu Teterow. ibid. V. S. 9.

als Granit oder einfach Stein bezeichnet. Wir haben Grund, die Richtigkeit dieser Angabe zu bezweifeln. Man dürfte sich hier nicht mit einer oberflächlichen Bestimmung begnügen; es wäre vielmehr, da die Taufsteine häufig übermalt sind, in jedem einzelnen Falle die Farbe an der Prüfungsstelle zu entfernen und mit Salzsäure eine Reaktion auf die im Stein eventuell gebundene Kohlensäure vorzunehmen. Erweist sich das Material als Kalkstein, dann steht es unzweifelhaft fest, daß die Taufsteine in Mecklenburg zu dem großen gotländischen Typus gehören. Die Taufsteine zu Ziethen, Stoltenhagen[1] und Anklam[2] in Pommern bestehen auch aus gotländischem Crinoidenkalk und gehören ebenfalls aus formalen Gründen zu dem gotländischen Typus. Ja sogar in Herrndorf in Ostpreußen kommt ein Taufstein gleichen Typus vor, von Karl Bötticher in den Baudenkmälern als spätgotisches Weihwasserbecken aus Sandstein angegeben. Abb. Heft III S. 30.

Auch in Dänemark kommt der gotländische Typus vor, und zwar zufolge einer freundlichen Mitteilung des Herrn Dr. Mackeprang, vorzugsweise auf den dänischen Inseln, besonders auf Laaland, im ganzen etwa vierzigmal. Als Beispiele seien genannt:[3] mit pfeifenartigen Ausbuchtungen: Taufstein zu Uslev, Maribo A. mit Spitzbogen: Maglebrande k. Nörre h. Falster; N. Kirkeby k.; mit Dreipaßbogen: Onslev k. Falster.

Die Tatsache nun, daß wir einen Typus vor Augen haben, der in Schleswig-Holstein nicht nur auf dem Festlande zahlreich vertreten ist, sondern der auch in Nord- und Ostsee auf den Inseln Sylt, Föhr, Nordmarsch, Nordstrand, Alsen und Fehmarn vorkommt; die Tatsache, daß dieser Typus auch längs der ganzen deutschen Ostseeküste verbreitet ist, und zwar bis hinauf zur Memel; die Tatsache, daß Beispiele dieses Typus sich in Schweden, auf den schwedischen und dänischen Inseln häufig anführen lassen,[4] kann nur auf eine Weise erklärt werden: Es muß eine Werkstatt bestanden haben, welche alle, das Ostseebecken einschließende Lande und die Inseln mit Taufsteinen versah. Nur so findet sich eine Erklärung für die Erscheinung, daß bei diesem weit verbreiteten Typus nicht nur dasselbe Material — gotländischer Kalkstein — verwandt wurde, sondern daß auch der Aufbau, die Form, das Schmuckwerk, fast genau übereinstimmen. Hans Hildebrand schreibt zwar a. a. O. bezüglich der Fest-

[1] Abb. i. Baudenkm. d. Kreises Grimmen. Herausgeg. v. V. f. pomm. Kunst. [2] Lemke: Bau- und Kunstdenkmäler des Rgsbz. Stettin, Kreis Anklam, Heft II. [3] Eine umfangreiche Publikation über die mittelalterlichen Taufsteine und die Granitplastik in Dänemark, welche von Herrn Dr. Mackeprang in etwa drei Jahren herausgegeben wird, wird weiteres Material bieten. [4] Sveriges Medeltid. IV. S. 310: De förre komma Herstädes i Sverige, S. 121.

stellung einer Werkstatt für die schwedischen Taufen dieses Typus im Anschluß an den gleichen Taufstein zu Hedesunde (Gestrikland): »Vi kunna icke hänföra dem till en gemensam ursprungsort, utan äro de helt visst framkallade af en öfver hela landet uppvuxen smak.« Wir dürfen aber mit ziemlicher Gewißheit annehmen, daß die Werkstatt höchstwahrscheinlich auf der Insel Gotland lag. Die Verbreitung dieses Typus und die verhältnismäßig einfachen Zierformen deuten auf eine massenweise, industriemäßige Anfertigung. Und wo soll diese Industrie anders geblüht haben, als in unmittelbarer Nähe der Steinbrüche? Wenn aber das bei diesem Typus zur Verwendung gelangte Material übereinstimmend dem Obersilur der Insel Gotland entstammt, wo anders kann dann diese Industrie schwunghaft betrieben worden sein, als in und vor den Mauern Wisbys? Oder sollen wir annehmen, um uns zu der Annahme Sachs zu bekennen, der[1] für die Taufsteine zu Schlutup, Behlendorf und Hamberge zweifellos die Hände lübeckischer Meister in Anspruch nimmt, daß lübsche Kaufleute das Rohmaterial von der Insel Gotland nach Lübeck gebracht hätten, daß dort die Taufsteine entstanden und vertrieben seien? Viel lohnender war doch das Geschäft, wenn die lübschen Kaufleute gleich den Zwischenhandel an sich nahmen und die fertige Ware von Gotland ausführten. Auch so konnten ja bei dem regen Handelsverkehr zwischen Lübeck und Wisby eine große Anzahl Taufsteine über Lübeck in das Hinterland gelangen. Wenn aber wirklich in Lübeck eine Industrie von Taufsteinen blühte, die sich einer oben angedeuteten umfangreichen Ausfuhr erfreuen konnte, dann wären sicherlich hierüber Nachrichten auf uns gekommen. Uns will bedünken, aus Gründen, die in der Natürlichkeit der gegebenen Verhältnisse beruhen, daß auf Gotland die große Werkstatt lag. Von hier aus ging die Ausfuhr zum schwedischen Festland, nach Preußen, Pommern, Mecklenburg, Lübeck, Holstein, Dänemark. Inwieweit die gotländischen Taufsteine Schleswigs über Lübeck bezogen wurden, läßt sich wohl schwer ermitteln. Die Annahme ist aber gerechtfertigt, daß, wenn auch Lübeck an der gotländischen Ausfuhr wahrscheinlich sehr stark beteiligt war, außerdem auch nichtlübsche, direkte Handelsbeziehungen zwischen Schleswig und Gotland bestanden; denn zu einer Annahme, daß Alsen und die Nordseeinseln die gotländischen Taufsteine über Lübeck bezogen, liegen wohl kaum zwingende Gründe vor. Allerdings wenn es feststände, daß die Taufsteine dieses Typus erst gegen Ende des 13. und im Anfang des 14. Jahrh. entstanden wären, würde die Annahme Sachs an

[1] Sach, Lübeckische Blätter, 1882, Nr. 79.

Wahrſcheinlichkeit etwas gewinnen. Aber ich ſetze die Entſtehung dieſer Tauf=
ſteine mit einzelnen Ausnahmen in den Anfang des 13. Jahrh. (über die
Gründe s. w. u.) und für eine ſo frühe Zeit ſcheint es mir kaum möglich, Lübeck
als Ort der Herſtellung anzuſehen. Für einen direkten Import aus Gotland
kann als Argument auch jene Urkunde herangezogen werden, durch welche
anno 1255 den Kaufleuten von Wisby und Gotland von Johann und Gerhard,
den Grafen von Holſtein, Stormarn und Schauenburg die alten Freiheiten u. ſ. w.
von neuem beſtätigt wurden. S.=H.=L.=R u. U. II. 87.

Daß auf Gotland tatſächlich eine große Kunſttätigkeit geweſen ſein muß und ein großer Handel mit Taufſteinen getrieben wurde, wird auch durch andere Beiſpiele in Schles=wig=Holſtein belegt, zu welchen ſich nur in Schweden und auf Laaland ana=loge Erſcheinungen darbieten. Wie ſchon oben bemerkt, laſſen ſich die Taufen zu Erfde und Klein= Solt etc. nicht dem großen gotlän=diſchen Typus einreihen, obwohl das Material auch gotländiſcher Kalkſtein iſt. Die Taufe zu Erfde iſt nicht mehr ganz erhalten. Es iſt nur die Kuppe vorhanden; dieſe liegt jetzt in einem unſchönen eiſernen Behälter. Die Ergänzung wäre vielleicht in Pokal= Form zu denken. Ein frühgotiſches Blattmotiv umzieht die Kumme. Der

Abb. 12. Tſſt. zu Kl.=Solt, Kreis Flensburg.
H. 90. Dm. 80.

Durchmeſſer beträgt 74 cm.
Der Taufſtein zu Klein=Solt (Abb. 12) iſt gut erhalten. Die Form iſt pokal=
ähnlich. Fuß, Stiel und Kuppe bilden drei Teile. Der Fuß wird gebildet durch
eine runde Platte und eine breite Kehlung, deren Schrägung zum Schaft hin=
führt. Der runde Schaft verjüngt ſich ein wenig nach oben und ſchließt mit
einer Wulſte, an der drei Köpfe von guter Arbeit ſitzen. Die Kuppe hat die
Form einer flachen runden Schale. Einem beſtimmten und häufig vorkommen=
den Typus gehört dieſer Taufſtein nicht an. Er iſt wahrſcheinlich fertig aus

Schweden eingeführt. In der Knutby Kyrka, Uppland steht, abgesehen von den Köpfen, ein Taufstein gleicher Form. Der Taufstein zu Satrup i. A. (Abb. 13) zeigt eine neue Form. Fuß und Stiel sind ähnlich wie am Taufstein zu Klein-Solt, aber im ganzen etwas gedrungener. An einer Wulst kurz vor dem Ende des Schaftes sitzen vier kräftig vorspringende Köpfe, zwei menschliche und zwei eines Ungeheuers. Die Kuppe ist cylinderförmig; unter den Nasen der Kleebogen ist sie schräg weggehauen. Ein ähnliches Werk kommt in Schleswig-Holstein nicht mehr vor. Wieder findet sich nur verwandtes auf Falster und in Schweden. Auf Falster seien genannt die Taufsteine gleichen Typus in der Stadager K., Maribo A., und zu Kjøbeløf. Der Taufstein zu Kjøbeløf zeigt auch die vier Köpfe am Stiel. Die Kuppen beider Taufsteine sind aber ohne Bogen.[1] Der Taufstein zu Öster-Fernebo, Gestrikland,[2] stimmt in der Form vollständig mit dem Taufstein zu Satrup i. A. überein. Nur der Fuß differiert; die Kuppe zeigt genau dieselbe Form; die Bogen sind aber rund statt hufförmig. Am Schaft sitzen auch wieder vier Köpfe an einer Wulst, je zwei Menschenköpfe und zwei Widderköpfe. Die Darstellung solcher Köpfe war in Schweden sehr verbreitet. Die

Abb. 13. Tst. zu Satrup i. A., Kr. Schleswig. H. 90, Dm. 70.

schon erwähnten Typen der Stanga Kyrka und Atlingbo Kyrka auf Gotland zeigen auch am Stiel vier Köpfe; der Typus der Atlingbo Kyrka zeigt stets zwei Menschen- und zwei Widder-Köpfe. Aus diesen Tatsachen ist mit Wahrscheinlichkeit zu folgern, daß auch der Satruper Taufstein schwedischen Ursprungs ist; ob er unzweifelhaft von der Insel Gotland stammt, kann nicht eher beantwortet werden, als bis festgestellt ist, welche Typen von Taufsteinen auf der Insel Gotland gearbeitet worden sind.

[1] Ich danke diese Angaben der Freundlichkeit des Herrn Dr. Mackeprang, der mir in bereitwilligster Weise die Sammlung von Abbildungen im dänisch. Nationalmuseum erschloß. [2] Abb. Hildebrand. a. a. O. S. 498.

Den reichsten Skulpturschmuck unter den Taufsteinen aus gotländischem Marmor zeigen die Beispiele zu Sörup und Borby. Die Flächen dieser beiden Taufen sind von oben bis unten mit Skulpturen bedeckt. Nur in wenigen Werken nähert sich die Gruppe der Granitfünten dieser reichen plastischen Durchbildung. Dem Material, der Form und dem Stile nach, somit auch zeitlich, gehören beide Werke unbedingt zusammen. Die Beschreibung mag daher im wesentlichen auf den Söruper Taufstein beschränkt sein.

Die Söruper Taufe (Abb. 14 u. 15) besteht aus Fuß und Kuppe. Der Fuß ist ein nach oben etwas verjüngter Würfel von etwa 40 cm Höhe. Der untere Rand des Fußes ist durch Stoß und Schrägung als Platte gebildet. Auf dieser, als der Basis, bauen sich die bildlichen Darstellungen auf. An den vier Kanten sind menschliche Gestalten ausgehauen. Die Vermittelung zur Kuppe bildet ein rundes Steinkissen; an seiner Peripherie zieht sich ein schmales Band mit einer Reihung kleiner quadratischer Knöpfe. Die Kuppe ist ein niederer

Abb. 14. Tist. zu Sörup, Kr. Flensburg. H. 96, Dm. 79. Cylinder, oben und unten von schmalen Bändern eingefaßt. Vom unteren Streifen geht die Kuppe im stumpfen Kegel auf die Zwischenplatte über. Die Darstellungen laufen von rechts nach links. Dargestellt sind

    a. Anbetung der 3 Könige und Zug derselben,
    b. bethlehemitischer Kindermord,
    c. Gefangennahme Christi,
    d. Kruzifixus.

a. Anbetung. Auf einem Stuhle sitzt die Madonna mit dem segnenden Kind auf dem Schoß. Die Mutter Gottes trägt eine Krone und lang auf die Schultern herabfallendes Haar. Die Füße ruhen auf einem Schemel; der vorderste

der drei Könige, dem der Stern vorleuchtet, überreicht dem Kind ein Gefäß. In Tracht, Geste und Bewegung sind die Könige nicht unterschieden. Die Kleidung besteht aus langem Ärmelgewand und einem Überwurf, der in Vor- und Rückteil auf der Schulter zusammengeknüpft ist. ᕱᕱᕱᕱᕱ
Nach links folgt die Ankunft der Könige zu Pferde. Der Stern leuchtet wieder vor. Die zu Zöpfchen geflochtene Mähne der Pferde, Schnürwerk und Gehängsel am Saumzeug, sollen von der Pracht einen Eindruck geben. Unter dem zurückgeschlagenen Mantel sieht man das freie Bein im Kettenstrumpf. ᕱ

b. bethlehemitischer Kindermord. Rechts thront Herodes, das Schwert auf das Knie gestützt. Vor ihm sind zwei Männer in langem Rock beschäftigt, sich ihres Auftrages zu entledigen. Jeder von ihnen hält ein Knäblein an den Haaren, um es zu morden. Zwischen ihnen liegt ein gemordetes Wickelkind am Boden. ᕱ

c. Gefangennahme. Christus wird von zwei Juden, die von rechts und links auf ihn zutreten, an den Händen gepackt. Christus trägt Bart und langes Haar. Zum ersten Mal Kreuznymbus. Die Kleidung besteht aus einem Rock und einem

Abb. 15. Tfst. zu Sörup, Kr. Flensburg.

Tuch, dessen Enden unter den Armen schräg übereinander gelegt sind. Die Juden in Ärmeltunika und Überwurf tragen spitzen Judenhut. ᕱᕱᕱ
d. Kruzifixus. Christus im angelsächsischen Typus des 12. Jahrhunderts. Es ist der gekreuzigte König mit der Krone auf dem Haupte. Der bärtige Kopf ist scharf nach links gewandt. Das Haar fällt auf die Schultern herab. Der Lendenrock, vorn zu einem Knoten geschürzt, reicht bis über die Knie. Die Füße stehen getrennt auf einem Suppedaneum. Zu beiden Seiten zwei Jünger, welche schmerzlich bewegt eine Hand ans Auge führen. Zu den Füßen des Gekreuzigten in Anbetung zwei Menschen, vielleicht die Stifter oder Patrone. ᕱ

Der abgeschrägte Unterteil der Kuppe ist ornamental behandelt; er ist vollständig mit blattartigen Schuppen überzogen und durch Adler, die sich am Beckenrand festkrallen, vierfach gegliedert. Die Adler sind kenntlich an den Strümpfen; die Flügel sind auseinandergeschlagen, der Steiß fest gegen das Becken gedrückt und der spitz geschnäbelte Kopf weit vorgestreckt. Der Übergang zum Fuß wird durch diese Tiere sehr belebt. Der Schmuck des würfelförmigen Fußes besteht aus vier Eckfiguren und vier ornamentierten Feldern zwischen diesen. Dargestellt sind als Eckfiguren: ein Löwe, Petrus, ein nackter Mensch und ein Bischof. Auf den Feldern: ein Löwe, ein Pfau, zwei pickende Vögel und ein Basilisk. Der nach rechts gewandte Ecklöwe hat sich auf die Hinterpfoten gestellt. Um den Hals legt sich ein dicker Reifen.[1] Das Maul ist weit aufgerissen. Offenbar ist der Löwe in Beziehung gesetzt zu den Untieren rechts und links. Eine Aspis rechts trägt Flügel und Schuppenhaut. Der spitz auslaufende Schwanz ist geringelt, die Klauen sind vorgestreckt und im Bogen stößt sie auf den Kopf des Löwen zu. Links ist ein Drache gebildet, der den Kopf nach rechts wendet und mit dem Maul seinen hochgeschwungenen Schweif packt. Die Bewegungslinie ist ungefähr die eines großen lateinischen S. Über die Deutung kann kein Zweifel bestehen. Der Löwe verkörpert hier die Macht des Guten, welche den bösen Gewalten ein Gegenstand des Hasses ist. Drache und Basilisk sind nach Psalm 90, 13 die zerstörenden Tiere, welche Christus als Sieger zu Boden tritt. Die Errettung vom Tode wird in der Gegenecke ausgesprochen; ich fasse die nackte Gestalt und die zwei anstoßenden Seitenbilder wieder zusammen. Die nackte Gestalt versinnbildlicht das Wiederaufblühen des Fleisches. Zu Grunde liegt Psalm 27, 7: et refloruit caro mea.[2] Die zwei Vögel links sind aufzufassen als in den Zweigen pickend: sie symbolisieren die Seele des Gerechten und der Pfau die gläubige Seele, welche sich am Kelch, als dem Quell des Heils, erquickt. Form und Aufbau der Taufe zu Borby (Abb. 16 u. 17) ist fast unverändert wie zu Sörup. Der Fuß ist fast vollständig übereinstimmend, der Übergang zur Kuppe ein wenig modifiziert. Die Vermittelung wird nicht mehr hergestellt

[1] In diesem sehe ich ein Argument, welches auf die venationes als der möglichen Entlehnungsquelle hinweist. Denn gerade auf Darstellungen der antiken Hetzen zeigen die Tiere diese Eisenringe und Halsreifen. Allerdings ist nicht an eine direkte, ich möchte sagen, primäre Entlehnung zu denken, sondern an eine sekundäre, und es mag dem Steinmetzen vielleicht das entlehnte Bild einer alten Tierhetze als Vorbild gedient haben. Über die Verschlagung solcher Motive in den Norden confer. Willers: Bronzeeimer zu Hemmoor. [2] Die Nummern der Psalmen sind die des Albani-Psalters.

durch ein frei liegendes Kiſſen, ſondern durch eine dem Fuß angegliederte
Wulſt. Die Figuren ſind etwas größer und über die Wulſt hervorſtehend. Die
Schrägung der unteren Kuppe iſt ein wenig ſteiler als zu Sörup, auch fehlen
die Adler. Geſchieden werden Ober- und Unterteil der Kuppe durch ein Gurt=
ornament, deſſen Windungen denen des Taufſteins zu Sörup entgegen laufen.
Die Darſtellungen an der Kuppe umfaſſen:

    a. Geburt Chriſti,
    b. Anbetung und Zug der Könige,
    c. Herodes,
    d. Chriſtus in der Unterwelt.

a. Die Geburtsſcene hält ſich im Rahmen zeitgemäßer Auffaſ=
ſung. Die Madonna liegt in einer hölzer=
nen Bettlade unter einer lang herabrei=
chenden Decke. Der linke Arm ruht auf
der Decke, das Haupt auf Kiſſen. Rechts auf
einem Stuhle ſitzt Jo=
ſeph, die Rechte auf die Bettkante gelegt,
in der Linken ein Öllämpchen. Über
dem Bett die Krippe mit dem Chriſtuskind,
nebſt Ochs und Eſel, welche aber nur an=
deutungsweiſe in den Köpfen gegeben ſind. Auffällig, weil ganz ungewöhnlich,
iſt noch die Bildung einer Hand, die von oben rechts in dieſes Bild hineinreicht
und ein birnenförmiges Gefäß mit überhängender Schlinge faßt. Ikonogra=
phiſch bietet mir nur die Annahme eine Erklärung, daß hier zwei Scenen
kombiniert ſind: Die Geburtsdarſtellung und die Badeſcene. Auf Badeſcenen
kommen Engel mit Salbflaſchen vor und ſo möchte ich in dieſem offenbar

Abb. 16. Tſſt. zu Borby, Kr. Eckernförde. H. 97, Dm. 91.

aus dem Himmel in das Bild hineinreichenden Arm mit Salbflasche den Arm eines Engels erblicken.
b. Anbetung und Zug der drei Könige. Genau so wie zu Sörup.
c. Herodes. Wohl den bethlehemitischen Kindermord andeutend. Die Gestalt des Herodes hier nach rechts gewandt, sonst gleich wie zu Sörup.
d. Christus in der Vorhölle. Der Zugang zur Hölle ist, wie gewöhnlich, als burgartiges Haus gedacht mit zwei Toren; das eine Tor ist offen. Von links schreitet Christus heran. Der Heiland mit Glorienschein ist bärtig und mit Tunika und Pallium bekleidet; er tritt auf den am Halse gefesselten Tod, der am Boden liegt, und dem er das Siegeskreuz auf die Stirn gesetzt hat. Mit der Rechten führt der Herr Adam aus der Unterwelt. Adam ist nackt und trägt Bart und langes auf die Schultern niederwallendes Haar. Hinter dem Stammvater steht Eva und im Hintergrunde, etwas größer, Jesaias. Als Abschluß der Scene dient der Höllenrachen, der aus weitem Schlunde lodernde Flammen emporspeit.

Abb. 17. Tst. zu Borby, Kr. Eckernförde.

In der Dekoration des Fußes ist der Borbyer Taufstein dem zu Sörup fast gleich. Das Pfauenmotiv kommt zweimal vor, ferner zweimal romanisches Blattwerk. Die Eckbilder sind vier menschliche Figuren, von denen zwei an Kappe und Bischofsmütze als Kleriker kenntlich sind. Wen die zwei anderen Figuren darstellen, ist nicht klar zu ersehen. Aus der Adorantengeste des einen und der Schriftrolle des andern ist es schwer, eine unanfechtbare Entscheidung zu treffen. Tracht und Stellung ist gleich wie zu Borby.
Was den Grad künstlerischer Durchbildung betrifft, den beide Werke erreichen, wenn es überhaupt statthaft ist, einen künstlerischen Maßstab hier anzulegen,

so ist es offenbar, daß der Taufstein zu Sörup auf einer etwas höheren Stufe steht. Man vergleiche nur hier wie dort die cathedra, auf welcher die Madonna sitzt. Zu Sörup sind die Formen schon zierlicher. Der Steinmetz zeigt auch zu Sörup ein besseres Formempfinden. Er setzt nicht einfach die Kuppe auf den Fuß wie zu Borby. Er bildet den Oberteil des Fußes so, daß dieser wie ein losgelöstes Glied für sich aussieht, welches den von oben lastenden Druck mildert und vermittelt. Die Trennung von Ober= und Unterteil der Kuppe ist stärker betont durch einen Viertelstab, der unter der Gurte das Becken umzieht. Auch das Verständnis für Proportionen ist zu Sörup ein besseres. Die Größen zwischen Mutter und Kind sind z. B. besser abgewogen. Es ist sichtlich ein Kind, das die Mutter in den Armen hält. Das Mißverhältnis der Größe ist zu Borby sehr auffällig. Der Söruper Taufstein ist eine Wiederholung des Borbyer Werkes im Zeichen des handwerklichen Fortschrittes. Trotz dieser mannigfachen Vorzüge zeugt auch der Skulpturenschmuck des Söruper Taufsteins nur von schemenhafter Gebundenheit und einer primitiven Gestaltungsweise.

Es war am Anfang der Besprechung vorläufig als erwiesen angenommen, daß die Taufsteine zu Sörup und Borby aus Schweden stammten und auch stammen müssen. Wenn nicht das Material eine Handhabe zur Bestimmung der Herkunft böte, möchte die Behauptung aufgestellt werden, daß das Material von Süden eingeführt und von einheimischen Steinhauern bearbeitet worden sei. Steinhauer hat es an der Ostküste zweifellos gegeben. Die große Gruppe der Granittaufen wird dies am Schlusse erweisen. Bei den Wittinger und Keytumer Taufen war aus formalen und stilistischen Gründen ausländische Entstehung als zweifellos erwiesen. Die Form der Taufsteine zu Borby und Sörup ist auch sehr charakteristisch; sie kommt in Schleswig=Holstein nicht mehr vor und südlich der Elbe auch nicht. Es ist also zu folgern:

 1. daß die beiden Taufen keinem in Schleswig=Holstein verbreiteten Typus angehören;

 2. daß formale Einflüsse aus dem Süden nicht anzunehmen sind.

Somit erübrigt nur, die Blicke gen Norden zu wenden. Jütland und die großen dänischen Inseln können als Entstehungsort nicht in Frage kommen, weil es dort keinen Kalkstein dieser Qualität gibt. Es ergibt sich von selbst als Quelle wieder jenes Land, das so reich an mittelalterlichen Taufen ist, Schweden. Einige Momente bestärken diese Annahme. Die Form unserer Taufsteine bietet die erste Handhabe. Das dort einheimische Material, Granit, Sand= und Kalkstein kommt in buntem Wechsel in den mannig=

faltigsten Typen vor. Die Form des Söruper Taufsteins ist auch vertreten und zwar auf der Insel Gotland. Es kommen auf Gotland mehrere bestimmte Typen vor;[1] so ein Typus der Stanga Kyrka (Sjonthem, Vänge, Halla), ein zweiter der Atlingbo Kyrka (Heide, Hväte, Hogren, Gullotrupe, Träkumla, Masterby, Eckeby etc.). Ein dritter Typus ist der zu Grötlingbo; das charakteristische des letzten Typus ist, daß er wie zu Borby und Sörup besteht aus einer zylinderförmigen Kuppe mit abgeschrägtem Unterteil und einem Würfelfuß, der vier Eckfiguren zeigt und am oberen Rande eine umfassende Wulste trägt. Hans Hildebrand sagt im Anschluß an den Taufstein zu Grötlingbo:[2] «Att funtar fran Gotland fördes öfver till Östergötland, ma anses vara helt naturligt, da Gotland hörde till Linköpings stift, men de gotländske funtarnes omrade sträcker sig fran Hessingland genom östra Sverige ned til Bornholm, hvarest Akirkeby kyrka har en synnerligen märklig funt af gotländsk sten med figurer utförde i de gotländske konstnärernes stil — denne funt är mycket lik Grötlingbofunten — och med en med runor tecknad inskrift i gutniskt tungomal.» Da die Taufe zu Grötlingbo, abgesehen von Kleinigkeiten, in der Form mit den Taufsteinen zu Sörup und Borby übereinstimmt, so dürfen wir schon an eine wahrscheinliche Zugehörigkeit unserer Taufen zu diesem gotländischen Typus, der, wie angedeutet, eine Verbreitung bis nach Bornholm hatte, glauben. In dieser Annahme werden wir noch bestärkt, wenn wir das Gegenständliche der Darstellungen einer Würdigung unterziehen. Es ist unzweifelhaft, daß die mittelalterlichen Werkstätten von Taufsteinen in den figürlichen Darstellungen einen beschränkten Bilderkreis hatten. Wenn man die Bilder auf allen bekannten Taufsteinen überschaut, so erhält man einen Cyklus, der die üblichen Darstellungen aus dem Leben Christi umfaßt, wie die bekanntesten Scenen des alten Testaments und der heiligen Legenden. Gewisse Länderteile bevorzugen einen bestimmten Cyklus. Es sei nur auf die Sakraments-Taufen in England hingewiesen; es sind dies Taufen, die auf acht Kuppenfeldern die sieben Sakramente enthalten und auf dem achten die Kreuzigung oder eine andere Scene.[3] Ein anderer in England sehr verbreiteter Bildercyklus umfaßt Darstellungen aus dem Leben des heiligen Nicolaus.[4] Die ausführenden mittelalterlichen Taufsteinwerkstätten haben der Vorliebe gewisser Länder für bestimmte Cyklen Rechnung getragen;[5] so zeigen die von Belgien

[1] Brunnius: Gotlands Konsthistorien III. pag. 32. [2] Hildebrandt a. a. O. S. 508. [3] F. C. Husenbeth: On sacramental fonts in Norfolk. Journ. of the Brit. archaeol. assoc. XIV, S. 51. [4] St. Nicolaus, Patron der Seefahrer. [5] Saintenoy Prolégomènes. S. 97, n. s. Cloquet: Études sur l'art à Tournay.

(Tournay) nach England eingeführten Taufen (Winchester[1] u. s. w.) ebenfalls die Nikolauslegende, eine Erscheinung, die darin ihre Erklärung findet, daß in England dem St. Nicolaus als dem Patron der Seefahrer über 380 Kirchen geweiht sind.[2] In Schweden ist eine sehr häufig vorkommende Darstellung die der drei Könige. Es sei verwiesen auf die Taufsteine zu Gumlösa, Schonen, Grötlingbo, Eke, Atlingbo, Gotland, Akirkeby, Bornholm u. s. w. Diese Darstellungen wiederholen sich an unseren beiden Taufen zu Borby und Sörup. So führt auch das Gegenständliche der Bilder nach Schweden. Wenn auch der genaue Entstehungsort der Taufen zu Sörup und Borby nicht eher wird angegeben werden können, als bis eine ausführliche Publikation über die schwedischen Taufsteine erschienen ist, so ist wenigstens Schweden als Ort der Entstehung anzusehen, vielleicht dürfen wir schon sagen, die Insel Gotland. Die Frage nach dem woher betrachten wir solange als gelöst, bis das Gegenteil bewiesen ist.

Was nun die Datierungsfrage der Taufsteine aus gotländischem Marmor betrifft, so ist nichts urkundlich überliefert und verbürgt. Haupt legt sie in die Übergangszeit und Hach setzt die beiden Taufsteine zu Schlutup und Hamberge[3] in das 13. Jahrhundert; ich schließe mich der Ansicht Haupts an. Diese Datierung gewinnt an Wahrscheinlichkeit, wenn man die Kirchen, in denen gotländische Taufsteine vorkommen, auf ihre Entstehungszeit hin prüft.[4]

Bei einer Zahl von 41 angeführten Beispielen erfahren wir über 10 Kirchen nichts betreffs der Entstehungszeit, 29 Kirchen zeigen das Gepräge des roman. Stils oder der Übergangszeit, darunter sind 10 Übergangsbauten aus Back-

---

[1] Abb. Revue de l'art chrétien 1895. 4. Tf. XV. [2] Hannah, St. Nicolas Church, Brighton. Journ. of the Brit. archaeol. assoc. XLIII. S. 26. [3] Conf. Hach. Die Taufsteine zu Schlutup, Behlendorf und Hamberge. Lüb. Blätter 1882, Nr. 79. [4] Haupt gibt über die Entstehungszeit der Kirchen mit gotländischen Taufsteinen folgende Angaben: Adelby. Bau soll romanisch sein. Bannesdorf. Haussteinbau der Übergangszeit. Barkau. Zwischen 1232 und 1259 angelegt. Behlendorf. (Es fehlen die Angaben, wenn bei Haupt B. K. D. nicht zu entnehmen.) Bleckendorf. Zwischen 1227 und 1230. Boel. Jüngere roman. Kirche. Borby. Roman. Kirche. Braderup. Breklum. Spätrom. Ziegelbau. Eggebek. Spätroman. Ziegelbau. Eken. Emmelsbüll. Erfde. Roman. Kirche. Flemhude. Um 1240. Föhr, St. Nikolai. Ziegelbau zwischen 1220 und 1240. Haddeby. Übergangsbau. Hamberge. Zwischen 1286 und 1340. Hattstedt. Ziegelbau, unter den frühesten genannt. Heiligenhafen. Übergangsbau, 1259 genannt. Hoirup. Kirche aus Tuff, 1204 genannt. Hohenstein. Anf. d. 13. Jahrh., 1259 erwähnt. Hügum. Roman. Haussteinbau. Jörl. Kl.-Solt. Lensahn. Anfang des 13. Jahrh., 1259 erwähnt. Lintholm 13. Jahrh. Lysabbel. Morium. Spätroman. Nordmarsch. Ottensen. Odenbüll. Backsteinbau des 13. Jahrh. Petersdorf. Übergangsbau. Pronstorf 1149—54. Satrup i. A. Scherrebek. Roman. Haussteinkirche. Schlamersdorf. 1129—1156. Schönkirchen. Um 1300. Sörup. Roman. Granithaussteinbau. Stedesand. Spätestens a. d. 13. Jahrh. Waabs. Roman. Feldsteinbau.

34

ſtein und nur zwei Kirchen ſind ſpäter datiert. Nun iſt es augenſcheinlich, daß zu einer fertigen Kirche auch notwendig ein Tauſſtein gehörte. Es bieten ſich alſo nur zwei Möglichkeiten, entweder ſind die gotländiſchen Tauſſteine gleichzeitig mit den ſpätromaniſchen und Übergangsbauten oder ſie ſind ſpäter. Die Kirchen im Übergangsſtil ſind wahrſcheinlich unter Waldemar II. erbaut worden, d. h. in den erſten Jahrzehnten des 13. Jahrhunderts, die Tauſſteine alſo in die gleiche Zeit zu ſetzen. Sind aber die gotländiſchen Tauſſteine ſpäter, dann müßten andere Tauſſteine vor ihnen in den angeführten Kirchen geſtanden haben. Von ſolchen Tauſſteinen hat ſich aber keine Spur nachweiſen laſſen. Die ganze Einfuhr von gotländiſchen Tauſſteinen fällt alſo im weſentlichen in die erſte Hälfte des 13. Jahrh. Für dieſe frühe Datierung läßt ſich noch ein anderes Argument anführen: auf der Gneſener Erztür, die bislang noch immer in das Ende des 12. oder den Anfang des 13. Jahrhunderts geſetzt wird, kommt unten links ein Waſchbecken in Form eines gotländiſchen Tauſſteins vor, Kelchform mit Spitzbogen.[1] Bedenken formaler Art dürften ſomit nicht mehr ins Gewicht fallen. Die Tauſſteine zu Schönkirchen und Hamberge dürften als Ausläufer dieſes Typus anzuſehen ſein; ein gewiſſer Verfall und eine willkürliche Behandlung in Form und Ornamentik iſt offenbar. Auch hier iſt wieder eine zeitliche Übereinſtimmung mit den Bauten zu erkennen, denn die Kirchen zu Schönkirchen und Hamberge waren gerade die zwei Beiſpiele, die um die Wende des 13. bis 14. Jahrh. erbaut waren.

[1] Abb. Bode. Deutſche Plaſtik.

Abb. 18. Romaniſches Weihwaſſerbecken a. Sörup (Sandſtein). Kirchl. Samml. des Flensbg. Muſ. Dm. 64, H. 36.

II. Die mittelalterlichen Taufsteine aus Granit.

Wurden im bisherigen Teil der Arbeit nur solche Taufsteine behandelt, deren Material in den einheimischen Geschieben nicht vorkommt, wenigstens nicht in solchen Mengen, daß ein Taufstein aus ihm hätte gefertigt werden können, so wenden wir uns jetzt den Granittaufen zu; sie bilden in der Fülle mittelalterlicher Taufsteine bei weitem den größten Teil. Die Granittaufen sind für uns insofern von großem Interesse, weil sie, da das Material im Lande vorkommt, wahrscheinlich als Werke heimischer Meister gelten können. Mußte den ausländischen Taufsteinen ein etwas breiter Raum in der Abhandlung zugestanden werden, so geschah dies nicht, weil sie durch ihre Gestalt in

Abb. 19. Tst. zu Bellewadt Kr. Apenrade. H. 81, Dm 94.

besonderer Weise unser Interesse erregten, sondern weil an ihrer Form der fremdländische Ursprung festgestellt und durch auswärtige Beispiele belegt werden mußte. Mit den Granittaufen ist ein Stück heimischer Kunstgeschichte verknüpft; sie können darüber Aufschluß geben, welche Zierformen im Lande geläufig waren, sie können von dem künstlerischen Empfinden einer Zeit reden, aus der sich fast nichts gerettet hat. Man muß sie daher auffassen als rudera einer längst entschwundenen heimischen Kunstpracht, und als solche haben sie eine große Bedeutung.

Es sind indes von der Betrachtung auszuschließen diejenigen Taufsteine, welche 1. wahrscheinlich als Weihwasserbecken gedient haben und nicht als Taufsteine;[1] 2. wohl mittelalterlich in der Form sind, von denen aber feststeht, daß das Alter nicht der Form entspricht;[2] 3. nur in der Kuppe echt und ohne sonderlichen Wert sind;[3] 4. überarbeitet sind oder in Trümmern liegen;[4] 5. zerstört sind;[5] 6. verschwunden sind.[6]

Es ist nicht unwahrscheinlich, daß gerade unter dieser Anzahl hin und wieder Taufen vorkommen, die, da die angeführten Beispiele meistens von sehr primitiver Form sind, aus ältester Zeit stammen, d. h. aus der Zeit, zu welcher man sich mit einer Taufe von einfachster Form begnügte. Welche Taufen in dieser Hinsicht in Betracht zu ziehen wären, ist nicht festzustellen, da jede Überlieferung und sichere Nachricht fehlt, man also auf bloße Vermutungen angewiesen wäre.

Abb. 20. Tfst. zu Skrave Kr. Hadersleben. H. 77, Dm. 69.

Versucht man von vornherein, ohne das Material geprüft zu haben, nach ethnologischen Gesichtspunkten eine Gliederung vorzunehmen, so wird man das Gebiet der Ostküste südlich bis Eckernförde für sich behandeln. Man wird so die wohl noch im 12. Jahrhundert ziemlich rein jütische Bevölkerung von den Friesen und Mischstämmen trennen.

Eine vergleichende Einsicht in das Material gibt nun darüber Klarheit, daß 1. um Hadersleben, 2. im Sundewitt, 3. in Angeln und Schwansen, also dort,

[1] Bargum, Branderup, Brodersby, Emmerleff, Haasühn, Krokau, Krupp, Neumünster, Sieversstedt, Süderhalstedt, Sterup. [2] Kosel, Oland, Jordkirch, Kekenis und Joldelund. [3] Lütjenburg, Aggerschau, Hjerting, Hörup, Klixbüll, Lütjenburg, Mildstedt, Moldenit, Schwansen (Karby), Sieseby, Toftlund, Tolk, Wallsbüll, Warnitz, Wodder. [4] Boren, Hugenberg, Jels, Leezen, Loit, Moltrup und Starup. [5] Mildstedt, 1875 zerschlagen. [6] Großenwiehe.

wo Jüten wohnten, Typen bestehen, die zusammen gefaßt sein wollen zu einer großen Gruppe der Ostküste. Von den Taufsteinen um Hadersleben¹ stimmen die zu Hellewadt, Osterlügum, Tieslund, Starup vollständig miteinander überein, sowohl in der Form wie in der Ornamentik. Als Beispiel diene der Taufstein zu Hellewadt (Abb. 19). Der Taufstein besteht aus zwei Teilen, dem Fuß und der Kuppe. Der Fuß ähnelt einem auf den Kopf gestellten Würfelkapitell; er schließt nach oben hin mit einer Wulst ab. Die zylinderförmige Kuppe verjüngt sich wenig nach unten und läuft in starker Schrägung auf den Fußring zu. Die Form ist sehr gedrungen und massiv. Die Größenmaße betragen in den Höhen: etwa 88, in den Durchmessern: 82 bis 90. Das charakteristische dieser Taufsteine liegt nicht so sehr in der Geschlossenheit der Form als in der Ornamentik. Die oben und unten von einer Kehlung umzogene Kuppenfläche wird belebt durch Ranken und Blattwerk von einem ganz bestimmten Charakter. Eine Ranke setzt z. B. am unteren Rande an; sie schlingt sich dann um das Becken in der Weise, daß in stetem Wechsel oben und unten Wendepunkte der Bewegung liegen; Ausläufer, kleine Blattmotive, spielen in der Zwischenfläche und schieben sich bald vor- bald rückwärts, nach oben oder unten. In anmutiger Weise wird so die Fläche ausgefüllt. In der Bewegung liegt stets etwas abgerundetes, ebenso in der Form des Ornamentes. Die Enden der Ranken sind umgelegt

Abb. 21. Tst. zu Grarup Kr. Hadersleben. H. 85, Dm. 85.

[1] Es gehören zusammen um Hadersleben die Taufsteine in Hellewadt, Osterlügum, Tieslund, Starup, Bjerning, Wilstrup, Oesby, Fjelstrup, Hjerndrup, Hammeleff, Bau, Skrave, Bestoft, Grarup, Skrydstrup, Alt-Hadersleben, Wonsbek. Lintrup, Nustrup.

und die Blätter oder Blattlappen sind so gebildet, daß stets weiche, rundliche Formen entstehen; daher die angenehme Wirkung auf das Auge, das, wenn es abtastend der Bewegung folgt, weder an einer hart gebrochenen Linie noch an einer scharfen Spitze Anstoß nimmt. Zu Hellewadt sitzen an der Kuppe drei sehr roh gearbeitete Menschen=Köpfe. Der Zierrat des Fußes beschränkt sich in den Schildern auf Blattbildungen resp. ein paar Vögel, zu Osterlügum. An den Fußecken sitzen Nasen resp. Köpfe, wie zu Osterlügum. Diesen vier Taufsteinen reihen sich an die sehr ähnlichen, unter sich wieder ganz gleichen Werke zu Bjerning, Willstrup und Oesby. Form und Aufbau weichen nicht ab von den eben behandelten. Der Unterschied kennzeichnet sich lediglich im Charakter der Blattranken. Das Rankenornament tritt in einfacher Vor- und Rückbewegung auf, entbehrt aber der Durchschlingungen. Conf. Abb. bei Haupt B. K. D. Obwohl das Ornament im Relief sehr flach gehalten ist, hebt es sich dennoch, von zwei Rillen begrenzt, vom Grunde kräftig ab. Der übrige Teil des Typus Hadersleben wechselt sowohl in der Einteilung der Kuppenfläche als in Tier- und Pflanzenmotiven. Die Kuppe zu Fjelstrup zeigt zwei breite Bänder; das obere mit Rankenwerk, das untere schlicht. Die Kuppe zu Hjerndrup ist ganz schlicht. Vielleicht sind beide Werke unfertig und ähnlich zu denken wie die Taufsteine zu Hammeleff und Bau (i. Kr. Flensburg). Die Taufe zu Hammeleff trägt über einer Bogenstellung eine Blattranke (Abb. zu beiden b. Haupt). Die Füße auch dieser Taufsteine wie oben. Der Taufstein zu Nustrup, ein sehr rohes Werk, ist in der Kuppenfläche eben-

Abb. 22. Tst. zu Alt-Hadersleben. H. 89, Dm. 82.

falls in zwei Streifen geteilt mit sehr mäßigen Ranken. Der Taufstein zu Skrave ist der letzte mit vegetabilischem Kuppenschmuck. Er steht sowohl dem Charakter des Ornamentes, als der Form des Fußes zufolge außerhalb des Typus und mußte, da er sich auch keinem folgenden Typus anschließen ließ, für sich behandelt sein, er mag aber hier, als am ehesten zugehörig, angegliedert sein (Abb. 20). Besonders auffällig ist der Fuß gebildet. Die vier Seiten zeigen Bogennischen. An den Fußecken stehen Säulchen mit Kapitellansätzen und Basen. In jeder Bogenstellung sind zwei Arcaturen angeordnet, die auf halber Höhe mit einem schlichten breiten Bande durchflochten sind, das hinter den Ecksäulen durchgezogen ist. Diese Art der Fußbildung kommt in Schleswig-Holstein nicht wieder vor. Der Kuppenschmuck der übrigen Taufsteine um Hadersleben wechselt in Tier- und Pflanzenmotiven, ebenso in der Einteilung der Zierfläche.

Abb. 23. Tst. zu Wonsbeck, Kr. Hadersleben H. 86, Dm. 66.

Zu Grarup (Abb. 21) und Bestoft ist die Kuppenfläche in Bogenfelder geteilt. Bemerkenswert ist, daß keine regelrechte Bogenstellung gegeben ist: die Bogenfelder sind durch Rundstäbe umschlossen. Die Trennung der Rundstäbe von einander wird noch betont durch eine lanzettförmige Zunge, die sich vom oberen Rand in die Zwickel hineinschiebt. Es ist offenbar, daß die Bogen nicht als architektonischer Schmuck gedacht sind, sondern nur die Funktion des Umrahmens der eigentlichen Darstellungen erfüllen. Die bildlichen Darbietungen an den Kuppen sind abwechselnd Greif, Löwe und Blumen. Auf den Fußschilden beschränkt sich der plastische Schmuck auf pflanzliche Motive. Diese beiden Taufsteine, von denen der Graruper als Nr. 21 abgebildet ist, zeichnen sich durch schöne regelmäßige Form und saubere Arbeit aus. Sehr merkwürdig wegen der Darstellungen sind die Taufsteine zu Alt-Hadersleben (Abb. 22) und Skrydstrup. Die Fläche der Kuppe ist in zwei horizontale

Streifen geteilt, einen schmalen oben und einen breiten unten. Den oberen Streifen füllt eine Blattranke, im unteren sind Tierbilder gegeben. Zu Alt=Hadersleben erblickt man vier Tiere, die von zwei Seiten auf ein Bäumchen zulaufen; man erkennt rechts ein Schwein und einen Löwen, links einen Hirsch und einen Drachen. Die Abwicklung bei Haupt B. K. D. Fig. 508. Von dem sehr ähnlichen Taufstein zu Skrydstrup gibt desgl. die Abb. bei Haupt eine Vorstellung. Der obere Kuppenrand ist an beiden Tauf=steinen gleich gebildet als gewundener Stab. Ebenso bringen die Köpfe, die an den Kuppen sitzen, die beiden Werke ein=

Abb. 24. Tst. zu Lintrup, Kr. Hadersleben. H. 83, Dm. 69.

Abb. 25. Abwicklung des Taufsteins zu Lintrup.

ander sehr nahe. Es ist bedauerlich, daß die Aufstellung dieser Taufsteine häufig so ungünstig ist, — die Taufsteine stehen vielfach in einem von Gestühl und Mauer nach drei Seiten abgeschlossenen Winkel — daß eine Besichtigung aller Reliefs nahezu ausgeschlossen ist. ᛫᛫᛫᛫᛫᛫᛫᛫᛫᛫᛫᛫᛫᛫᛫᛫
Mehr der Form nach als dem gegenständlichen der Darstellung, ist dem Tauf=stein zu Alt=Hadersleben der Taufstein zu Wonsbeck nahe zu bringen; man wird allerdings den Fuß kaum mehr als einem Würfelkapitell ähnlich bezeichnen

können. Der Fuß hat sich schon zu einem Stiel ausgewachsen. Indessen kommen, wie schon der Taufstein zu Skrave zeigte, Abweichungen von dem Typus vereinzelt vor. Der Kuppenschmuck besteht aus einer Reihe Reliefbildern in Bogenstellungen (Abb. 23). Es wechseln ab je eine ganze Figur und ein Brustbild mit plastisch vorspringendem Kopf. Die Skulpturen sind ganz flach und dick übermalt; erkennbar ist aber immerhin, daß eine Figur einen Schlüssel trägt, die andere ein Schriftband hält. Eine Seite des Steins ist unausgeführt. Der Fuß zeigt auf zwei Ecken je einen Menschen= und Widderkopf. Der Schildbogen umrahmt den Kopf eines Ungeheuers.

Der Taufstein zu Lintrup (Abb. 24 u. 25) schließt sich in seiner Form dem Typus wieder etwas strenger an. Er ist bemerkenswert wegen der bildlichen Darstellungen. An ein burgartiges Haus reiht sich nach links eine Bogenstellung. In drei Feldern sind Kopf und Brust von Männern erkennbar. Vorn und hinten in je einer Bogenstellung reiht sich je ein Tierkopf an. Voraus springt in mächtigen Sätzen durch drei Bogen ein Hund; er ist hinter einem Hasen her, von diesem aber noch durch ein Bäumchen getrennt. Das Häschen hat den Kopf nach seinem Verfolger zurückgewandt und macht Männchen. Auf drei Fußschilden ist eine Blume, eine Aspis und ein Hirschkopf dargestellt. Die Eckzipfel zeigen romanisches Blattwerk.

Abb. 26. Tst. zu Satrup i. S., Kr. Sonderburg. Dm. 74, H. 84.

Der Typus Sundewitt zeigt in dem Aufbau eine Abweichung. Der Fuß besteht bei ihm nicht aus einem verkehrten Würfelkapitell, sondern aus einer großen, rechteckigen Platte. Infolgedessen ist auch ein Stiel gebildet, der zwischen Kuppe und Platte vermittelt. Dieser Typus kommt fünfmal vor; er ist vertreten in den Kirchen zu Satrup i. S. (Abb. 26), Schwenstrup, Notmark, Feldstedt, Uk und Norderlügum. Die Kuppen zu Notmark, Satrup, Schwenstrup und Uk sind, was Form und Schmuck betrifft, untereinander ganz gleich. Die Übereinstimmung des Rankenwerks ist so groß, daß auch hier unbedenklich dieselbe Werkstatt angenommen werden darf. Die Unterseite der Kuppe zu Uk ziert eine Reihung schuppenähnlicher Gebilde. Die Kuppe zu Feldstedt (Abb. 27 u. 28) zeigt mehrere Scenen, die sich symmetrisch um einen Baum gruppieren.

1. rechts. Vor einem Jäger, der in sein Horn bläst und der zur Seite einen Speer hat, springen zwei Hunde hinter einem Hasen her.

Abb. 27. Tst. zu Feldstedt, Kr. Apenrade. H. 83, Dm. 83.

Abb. 28. Abwickelung des Tsts. zu Feldstedt.

2. links. Zwischen zwei Pferden mit unverständlichem Beiwerk befindet sich ein sichelförmiger Kahn mit vier Insassen. Vorne fällt ein Mann aus dem Schiff einem Untier in den Rachen. Das Mittelbild stellt also dar, wie Jonas ins Meer geworfen wird. Das eine Pferd gehört wohl nicht zur Jonasdarstellung, sondern zur Jagd. Vielleicht ist es das Pferd des Jägers, das er an einen Baum oder eine Stange mit Fahne angebunden hat, während er den Hasen verfolgt. Das zweite Pferd kann eine Repetition zur Erweiterung

der Scene sein. Der Bildschmuck an der Kuppe des Taufsteins zu Norderlügum (Abb. 29) ist ähnlich flach wie zu Feldstedt. Die Kuppe zeigt einen sitzenden König, der einer ihm zur Linken stehenden weiblichen Gestalt das Kreuz reicht; es schließt sich hieran ein Drache und ein Krieger, der von dem Drachen bedroht wird. Weiter folgt eine Ranke. Zur Rechten des Königs die Gestalten einer Frau und eines Mannes, weiter ein Löwe. Wir glauben, eine sexuelle Kennzeichnung geben zu dürfen, weil ein Unterschied in der Kleidung wahrzunehmen ist. Die als Frauen angesprochenen Figuren tragen lange, bis auf die Füße reichende Röcke, der Krieger und die vierte Figur kurze Schurzröcke, welche die Beine freilassen.
Der Fuß des Typus Sundewitt ist bei allen gleich gebildet. Die vier Ecken zeigen in roher Ausführung menschliche Köpfe und auf den Seitenfeldern wechselnd Basilisk, Aspis, Löwen u. dergl.
Eine dritte Gruppe des Typus der Ostküste kommt in Angeln und auch Schwansen vor.[1] Die Taufsteine zu Taarstedt, Kahleby, Süderbrarup, Kosel, Loit, Rieseby und Karby sind dem Typus um Hadersleben in der Form ganz gleich und in der Ornamentik sehr nahestehend. Die Kuppen zu Kahleby und Taarstedt sind glatt, zu Kosel, Loit und Süderbrarup umzogen von einer flachen Ranke, ähnlich zu Rieseby und Karby. Der Fuß hat wiederum bei allen die Form eines Würfelkapitells mit Blattwerk auf den Schilden und Köpfen auf den Ecken. Die übrigen sechs Taufsteine zeigen zwar wieder die typische Form, beanspruchen aber wegen der Ornamentik eine Sonderstellung. Sehr eng miteinander verwandt sind die Taufen zu Hürup (Abb. 30) und Grundhof (Abb. 31). Was diese beiden Taufen ebenso wie die zu Husby heraushebt aus dem ganzen Typus der Ostküste, ist nicht allein das vorzügliche feinkörnige Steinmaterial,

Abb. 29. Tst. zu Norderlügum, Kr. Tondern.
H. 91, D. 78.

[1] Der Angler Typus ist vertreten in den Kirchen in Taarstedt, Kahleby, Süderbrarup, Kosel, Loit, Rieseby, Karby, Husby, Grundhof, Hürup, Rüllschau, Groß-Solt und Havetoft.

als vielmehr das ausgeprägte Gefühl für die Belebung der Flächen und die
faubere und charaktervolle Ausführung des Detail. Die Kuppe zeigt eine
horizontale Zweiteilung; in halber Höhe umziehen zwei schmale Rundstäbe
die Wandung. Nach obenzu wird die Fläche begrenzt von zwei nebeneinander
laufenden Gurtsträngen in der Stärke der Wandungsdicke. Der obere Streifen
enthält zu Grundhof und Hürup Ranken mit Blättern und Blüten in ganz
gleichem Charakter; der untere Streifen zeigt zu Hürup eine einfache Blatt=
ranke, zu Grundhof mit einander verbundene Kreisringe, die wechselnd Blätter,
Köpfe und Brustbilder von Menschen umschließen. Nach unten geht die Kuppe
über in einen kurzen Hals, den
ein gedrehter Wulst umschließt.
Der Fuß ist zu Hürup als ein nach
oben etwas verjüngter Würfel
gebildet. Die vier Seitenschilde
werden umrahmt von Schnü=
ren. Desgleichen zieht sich
unterhalb des Kuppenansatzes
eine Schnürung. Auf den Sei=
tenflächen des Fußes gewahrt
man das Lamm Gottes, zwei
sich schnäbelnde Tauben, eine
Blume und ein Bild von rätsel=
hafter Deutung. In je zwei
Bogenstellungen sind je drei
Köpfe in Dreieckstellung ge=
bildet; im linken Felde drei
Tierköpfe mit spitzen Ohren,

Abb. 30. Tfst. zu Hürup, Kr. Flensburg. H. 90, Dm. 75.

im Felde rechts unten ein Kopf
mit dreispitziger Krone, ein Kopf mit mondsichelförmigen Hörnern und über
beiden ein Kopf ohne besondere Merkmale. In den Zwickeln der zwei Bogen
ist noch ein siebenter Kopf gebildet. Der Fuß des Taufsteins zu Hürup ist in=
sofern ungewöhnlich, als er ein einfach viereckiger Würfelfuß ist, dessen vier
Seiten halbkreisförmige Ringe verzieren. Ein gleicher Fuß kommt in Schles=
wig-Holstein nicht mehr vor.
Der Taufstein zu Husby (Abb. 32 u. 33) läßt sich diesen beiden Werken, die zufolge
der Ornamentik unbedingt gleichen Ursprungs sind, nicht unmittelbar anschließen;

er bedingt aber gleichfalls eine Sonderstellung und zwar weniger der Form, die sich durchaus dem Typus anschließt, als der charakteristischen Ornamentik wegen. Eine Blattranke nordischen Charakters umzieht den Oberteil der Kuppe. Den Unterteil füllt eine Stellung einzelner Rundbogen, die miteinander verschnürt sind. Die Felder in der Bogenstellung umfaßten wohl ursprünglich zehn Reliefs, ein Bild ist jetzt fortgelassen. Die erhaltenen neun Reliefs zerfallen in drei Cyklen, von denen der erste in zwei Bildern den Sündenfall schildert. Eva tritt von rechts an den Baum, aus welchem die Schlange ihr den Apfel reicht; im nächsten Feld ist der Baum der Erkenntnis noch einmal gegeben, links daneben Adam.[1] Die Scene, welche folgt, umfaßt drei Bogenfelder. In dem mittleren sitzt ein Weib mit gespreizten Beinen, die Hände vor die Scham gelegt; an ihren Brüsten haben sich zwei Schlangen festgebissen. Im Felde rechts steht der Teufel; mit der Rechten zückt er eine Gabel gegen den Kopf des Weibes, mit der Linken packt er eine der Schlangen am Schwanz. Im Felde links schreitet ein Mann mit einer Axt auf das Mittelfeld zu. Offenbar haben wir es hier mit der auch in den mittelalterlichen Psalterien beliebten Darstellung der fornicatio oder luxuria und ihrer Strafe zu tun.[2] Es schließt sich an die Kreuzscene, vier Bilder umfassend. Herausgegriffen ist der Moment, wo Longinus dem Herrn die Seite öffnet.

Abb. 31. Tst. zu Grundhof, Kr. Flensburg. H. 86, Dm. 74.

---

[1] Vergl. die gleichen Darstellungen auf den Taufsteinen zu Hook Norton, Oxfordshire. Abb. Romilly Allen. Christ. Symbol. S. 365. Cotham ibid. S. 193. Kirkeby near Liverpool ibid.
[2] Vergl. Bull. Monumental Ser. I, Vol. VI, S. 345, VII 517. Ser. II, Vol. I S. 180 u. 196. Sauer S. 239 u. a. O.

Die Reihenfolge der Bilder ist so, daß auf den beiden ersten Flächen die Schächer dargestellt sind. Die Beine sind gekreuzt, vor resp. hinter dem Träger. Zwischen Arm und Schulter schiebt sich der Kreuzbalken. Die Hände sind beiden gebunden. Die Kleidung ist gleich; sie besteht aus einem an der Hüfte geschürzten Gewand, das von den Schultern bis auf die Kniee reicht. Ikonographisch ist noch von Interesse, daß die Seele (anima) des zur Hölle Verdammten hier nicht als kleine nackte Menschengestalt gegeben ist.[1] Während der Geist (spiritus) des erlösten Schächers durch den großen Kopf eines Vogels angedeutet ist, wurde als Bild der nicht erlösten Seele ein über die Schulter hervorragendes Schwanzende gewählt. Der Heiland ist als bartloser Jüngling mit dem Kreuznymbus aufgefaßt. Das Haupt ist leicht nach links gewandt. Das Haar fällt in Locken auf die Schultern herab. Hände und Füße sind mit vier Nägeln befestigt. Die Füße sind getrennt. Der Lendenrock reicht bis auf das

Abb. 32. Tst. zu Husby, Kr. Flensburg. H. 99, Dm. 77.

Abb. 33. Abwickelung des Tst. zu Husby.

Knie. Der ganze Typus ist angelsächsisch. Das letzte Bogenfeld zeigt Longinus, der dem Herrn die Seite öffnet. Der Kriegsknecht hat sich auf das rechte Knie niedergelassen und das linke Bein vorgestellt. Die rechte Hand bedeckt das schmerzvoll vorgeneigte Haupt. Die Linke führt den Speer gegen die Seite des Herrn.

[1] Conf. font at Lenton. Christian Symb. by Rom. Allen S. 308.

Der Fuß hat die typische Form; auf den Fußschilden kehren agnus Dei, Löwe, Basilisk und Blume wieder. Auf den Ecken sitzen Menschenköpfe.

Die Taufen zu Rüllschau, Groß-Solt und Havetoft sind die Granittaufen, die in ihrem Schmuck das Nahen der siegreichen Gotik verkünden. Im oberen Zierstreifen der Kuppe zu Rüllschau wechseln schon frühgotische Lilien mit kleinen Kreuzen ab und zu Havetoft und Groß-Solt ist die ganze Kuppenfläche mit Kleebogen umzogen. In jedem Bogen ist ein Bild gemeißelt. Wohl den Mittelpunkt bildet zu Havetoft die Madonna auf einem Stuhl sitzend und auf dem Knie das Christuskind haltend. (Abb. 34). Nach links folgen in je einem Bogen die drei Könige ausschreitend und in der vorgestreckten Rechten ein Geschenk haltend. Nach rechts folgen auf drei Feldern die Bilder des Petrus und zweier Heiligen. Die Fußschilde zeigen das Lamm Gottes, zwei Blumen und ein Kreuz. Auf den Zwickelecken sitzen 4 Köpfe. Die Arbeit ist sehr roh, der ganze Taufstein dick übermalt u. z. t. überarbeitet. Der obere Rand des Taufsteins ist abgehauen. Der Taufstein zu Groß-Solt ist ganz ähnlich. Zwischen Petrus und Paulus je zwei Evangelistenzeichen. Die Zwickel zwischen den Kleebogen zeigen dasselbe Ornament wie zu Havetoft. Die Bilder am Fuß stellen dar, einen Basilisk, Löwen, eine Blume und einen Krieger mit Schwert und Schild über einer Mauerzinne. Die Skulptur auch hier roh und zudem im Ornament verständnislos übermalt.

Abb. 34. Tst. zu Havetoft, Kr. Schleswig. H. 90, Dm. 77.

Ein Versuch, die weiteren Taufsteintypen in ihrem Vorkommen in ein abhängiges Verhältnis zu bringen von den verschiedenen Völkerstämmen will nicht gelingen. Ein jütischer, friesischer, niedersächsischer Typus läßt sich nicht feststellen. Wie die Bevölkerung in den Stämmen sich vermischt hat, so greifen auch die Taufsteintypen örtlich in einander über. Am zahlreichsten vertreten ist ein Typus in den dem alten Bistum Ripen unterstellt gewesenen Kirchen. Dieser Typus des Kreises Tondern ist romanisch, ebenso wie die Kirchen, in denen er vorkommt, in ihrer Anlage romanisch sind.[1] Die Karte belehrt uns, daß dieser Typus nicht auf die Kirchen des Kreises Tondern beschränkt ist, sondern auch südlich noch vereinzelt vorkommt. Ein Durchschnittstypus baut sich auf aus dem prismatischen Fuß, einem Hals mit Wulst und der zylindrischen Kuppe. Wie die Formen im Aufbau zuweilen wechseln und sich nicht ganz scharf dem eben gekennzeichneten Mitteltypus anpassen, so macht sich auch in der Ornamentik ein Spielen bemerkbar. Wesentlich ist, daß bei allen Taufen der ornamentale Schmuck auf geometrische Bildungen, und zwar allein auf Bogenstellungen, beschränkt ist. Man sollte meinen, daß bei einer derartigen Beschränkung des Formenkreises ein spielvoller Wechsel kaum möglich wäre. Man prüfe die Arkaturen der 23 Taufsteine auf ihre Gleichheit. Bald ist der Kämpfer viereckig:

Abb. 35. Tsst. zu Groß-Solt. H. 94, Dm. 82.

Niebüll, Süderlügum, Maugstrup, Uberg, Handewitt, Rinkenis, Medolden, Sommerstedt, Jägerup, Olderup, Viöl, Treya (Abb. 36); bald halbrund: Osterlinnert, Jerpstedt, Horsbüll, Brede; bald ist er wulstartig: Döstrup, Hoist, Roager, Randrup, Gramm; bald führt er treppenartig zum Bogen: Schads; dann läuft er wieder spiralförmig: Humptrup, oder er schlingt sich achtähnlich wie ein

[1] Diesem Typus gehören an die Taufen folgender Kirchen: Treya, Schwesing; in Rinkenis scheint auch ein Taufstein dieses Typus gestanden zu haben, der Fuß desselben ist noch erhalten; Süderlügum, Jerpstedt, Osterlinnert, Maugstrup, Humptrup, Gramm, Randrup, Jägerup, Roager, Sommerstedt, Medolden, Uberg, Handewitt, Brede; ferner Niebüll, Horsbüll, Schads, Döstrup, Röm, Viöl, Neukirchen i. d. W. und Rodenäs.

Gurt um die Säule. Die Basen der Säulen sind ebenso wechselvoll gebildet, bald treppenartig, bald viertelrund. Zu Gramm, Osterlinnert, Jerpstedt ist die untere Hälfte der Bogenstellung auch durch einen Bogen geschlossen. Häufig wechseln die Bogen einer Kuppe ihre Gestalt viermal. Es ist geradezu auffällig, wie sehr man vermieden hat, sich zu wiederholen. An der Kuppe zu Maugstrup gleicht keine Säulenstellung der anderen. Die Bogenzwickel sind gewöhnlich schlicht. Nur zu Jägerup und Roager sind sie durch aufsteigende Ranken belebt. Es wäre ja möglich gewesen, den Typus nach formalen Gesichtspunkten zu teilen, aber nur auf Kosten der Übersichtlichkeit. Der angedeutete Durchschnittstypus gibt immer noch das klarste Bild. Der Fuß der Taufsteine hat gewöhnlich die Gestalt eines niederen, vierkantigen Prisma. Eine Annäherung an die Form eines umgekehrten Würfelkapitells zeigen die Füße der Taufen zu Uberg, Handewitt, Medolden, Sommerstedt, Drelsdorf, Jägerup und Roager. Zu Neukirchen ist der Fuß rund und zu Viöl ungleich achtkantig. Die Zier dieser Fuß-

Abb. 36. Tst. zu Treya, Kr. Schleswig. H. 95, Dm. 82.

art ist ziemlich reich; sie besteht teilweise aus Menschenköpfen auf den Eckzwickeln, teilweise aus Bogenstellungen und Figurenschmuck auf den Seitenschilden. Beachtenswert wegen dreier halbrunder Türme auf zwei Gegenseiten ist der Fuß zu Jägerup. Bei den vierkantig prismatischen Füßen lassen sich zwei Arten unterscheiden:

1. solche, die nur Arkaturen haben: Treya, Schwesing, Osterlinnert, Süderlügum, Rinkenis u. a.
2. solche, deren Seitenflächen schlicht sind oder nur eine Rille zeigen, welche den Kanten parallel läuft: Brede (Abb. 37), Hoist, Niebüll,

Horsbüll, Schads, Döstrup, Röm. Die Taufen zu Dahler, Hoist und Röm zeigen auf den Fußecken noch Köpfe, Jerpstedt, Röm auch an der Kuppe; zu Gramm sitzen vier Figuren am Becken. Große Typen, wie der in der Wittingharde lassen sich nicht mehr nachweisen. Die Möglichkeit, mehrere Taufsteine zu einem Typus zusammenzufassen, schwindet immer mehr und schließlich bleibt eine Anzahl Taufsteine zurück, die keinem Typus angeschlossen sein will, eine Anzahl, die in ihrem Aufbau und in ihrem Schmuck nur einmal vorkommt.

An kleineren Typen kommen noch etwa vier vor. Dem ersten gehören an die Taufen zu Reisby (Abb. 38), Spandet, Medelby, Leck, Düppel (Abb. 39) und Hoftrup. Der Typus sei an dem Beispiel zu Reisby beschrieben. Der Fuß besteht aus einer großen, zylindrischen Platte;[1] aus ihr erhebt sich der stark verjüngte Stiel. Die Ansatzfuge bedeckt eine Wulste. Die Kuppe hat die Form eines zylindrischen Beckens. Die Schrägung zum Stiel ist leicht gewölbt. Fuß und Kuppe sind geschmückt durch Reliefdarstellungen und durch Köpfe, die mehr oder weniger stark hervorspringen. Der Reliefschmuck ist dem animalischen wie vegetabilischen Formenschatz entlehnt. Ein wiederkehrendes Motiv ist das der Tiere, die sich um einen Baum gruppieren. In dieser Auffassung treffen wir an: Löwen und Hunde zu Hoftrup, Löwen und Greif zu Reisby, Löwen zu Spandet und Düppel. An den Taufsteinen zu Spandet und Reisby kommen außerdem ineinander verschlungene Drachen vor, ferner am Taufstein zu Düppel eine Schweineherde und zwei Hunde, die je einem Löwen nachspringen. Die Ausführung ist sehr roh. Namentlich ist das Ornament am

Abb. 37. Tst. zu Bredebro, Kr. Tondern. H. 89, Dm. 76.

[1] Zu Medelby und Leck ist der Fuß vier- resp. achteckig.

Fuß schlecht. In dieser Hinsicht geben die Taufsteine zu Düppel und Reisby einander nichts nach. 〰〰〰〰〰〰〰〰〰〰〰
Einen anderen Typus bilden die Taufen zu Rapstedt, Ries, Quars (Abb. 40) und Enstedt. Der Fuß hat die Form einer abgestumpften Pyramide und schließt nach unten mit einer Platte, nach oben mit einer Wulste ab. An dieser, und zwar auf den vier Kanten, sitzen menschliche Köpfe. Der Hals ist rund, die Kuppe walzenförmig. Ihr Zierrat besteht aus einer Bogenstellung und einer ornamentalen Ranke darüber. Der Fuß zu Enstedt hat vier Seitenschilde

Abb. 38. Tst. zu Reisby, Kr. Hadersleben. H. 81. Dm. 77.

mit je zwei Bogenstellungen. Da der Taufstein aber sonst dem beschriebenen Typus entspricht, so ist er hier angegliedert. Diesem Typus nahestehend ist der Taufstein zu Wittstedt; zum wenigsten darf man dies sagen mit Bezug auf die Einteilung der Kuppenfläche. Die Bildung des Fußes ist eine eigene, ebenso der Charakter der Blattranke derartig, daß der Taufstein den Beispielen zu Quars u. s. w. nicht unmittelbar angegliedert werden konnte. Die weiche Wirkung der Abb. 41 ist zu erklären aus einem dünnen, feinen Puß, mit dem der Taufstein überzogen ist. Dieser Überzug gibt dem Granit ein sandsteinartiges Aussehen. Es ist die Frage, ob dieser Überzug ursprünglich oder spätere Zutat, und wenn ursprünglich, aus welchem Grunde angewandt und ob der Überzug auch an anderen Taufsteinen vorkommt. Auf die vielen Taufsteine, die übermalt und überkalkt sind, läßt sich die Untersuchung nicht mehr ausdehnen. Vorzufinden war er noch auf den mittelalterlichen Taufsteinen zu Husby und Riepen. Diese Angabe will durchaus nicht erschöpfend sein, da nicht alle Taufsteine untersucht werden konnten. Der Überzug ist wohl ursprünglich und vollzogen, um dem Granit ein stumpfes Aussehen zu geben. Daß die Licht- und Schattenwirkung so eine ruhige wird, dürfte aus einem Vergleich der Abbildungen Nr. 40 und Nr. 41 ersichtlich sein. Eine solche Behandlung mußte dem Taufstein zu Husby natürlich besonders zugute kommen. Zu einem neuen Typus lassen sich zusammenstellen die Taufen zu Bröns, Nordhastedt, Abel, Klanxbüll und der Oberteil eines Taufsteins im Flensburger Museum (Abb. 42). Die zylindrische Kuppe zeigt auf der unteren Hälfte einen Fries ineinander greifender Halbbögen, ein Ornament, das ja an unseren Kirchen häufig vorkommt. An der oberen Hälfte wechseln die Motive; zu

Abb. 39. Tst. zu Düppel, Kr. Sonderburg.
H. 79, Dm. 98.

Nordhastedt sieht man eine Reihung blattähnlicher Schuppen, zu Abel, Klanxbüll und im Flensburger Museum eine Reihung kleiner Rankengebilde, in Bröns und Rodenäs ein Natornament. Als Fuß dient eine viereckige Platte mit pyramidalem Aufbau. Für die Fußbildung läßt sich eine typische Norm kaum aufstellen. Zu Klanxbüll ist der Fuß rund und zeigt dasselbe primitive Rankenornament wie die Kuppe. Den Taufsteinen zu Rickelsbüll und im Flensburger Museum fehlt der Fuß. Zu Bröns ist der Fuß vierkantig und zur Kuppe hin abgeschrägt, auf den Ecken sitzen Köpfe. An dem Taufstein zu Abel sind die Ecken abgeschrägt. Die Einfassungsornamente lassen wohl kaum die Deutung als Pelikane zu, sind vielmehr als geometrische Bildungen aufzufassen. Der Fuß des Taufsteins zu Nordhastedt ist gleich dem aus Quars. Charakteristisch für diesen Typus ist, daß an der Kuppe noch ein Teil des Halses ansitzt. Die Ausführung ist im allgemeinen roh und wenig sorgfältig. Gerade durch die sorgfältige Arbeit ausgezeichnet sind die Taufsteine zu Bedstedt, Broacker, Oxenwatt, Hoptrup, Tingleff und Deetzbüll. Aus einer quadratischen Platte mit einem schön geschwungenen Profil erhebt sich der zylindrische Stiel, der von mehreren Wulsten umzogen ist. An den vier Fußecken sitzen Köpfe. Die Kuppe hat die Form einer abgeplatteten Halb-Kugel. Bilderschmuck kommt an diesen Taufen nicht vor. An der Kuppenwandung zu Bedstedt zieht sich eine Bogenstellung herum, zu Oxenwatt eine solche an der Fußplatte. Der Reiz dieses Typus liegt in der vorzüglichen Steinhauerarbeit, d. h. in dem streng gegliederten Aufbau und den schönen Profilien. Besonders beachtenswert ist noch der Taufstein zu Hoptrup (Abb. 43); er ist wohl der einzige im Lande mit Runenzeichen. Es kommen vor an seinem Fußschild die drei Buchstaben IΨI. Eingehend behandelt ist er in L.

Abb. 40. Tfst. aus Quars. Kirchl. Samml. d. Flensb. Mus H. 102, Dm. 84.

Wimmer: De Danske Rune_mindesmærker IV Bd. 1 Abt. 1893 S. 94. Wimmer macht zunächst darauf aufmerksam, daß zwischen den beiden letzten Buchstaben ein größerer Zwischenraum besteht als zwischen den beiden ersten, in ähnlicher Weise wie auf der Handbjerg Taufe. Bezgl. der Deutung gibt Wimmer eine mehrfache Möglichkeit zu. Er liest: i(esu)m i(nvocate) oder i(esus) m(iserere) i(nvocantium). Einer Deutung in dem Sinne der bekannten Verkürzung für Jesus, Maria, Josef kann Wimmer nicht das Wort reden. Es würde den Rahmen dieser Arbeit überschreiten, alle Taufen, die keinem

beſtimmten Typus angehören, einzeln für ſich zu betrachten. Nur diejenigen, welche eine reichere plaſtiſche Durchbildung zeigen, mögen hier kurz für ſich beſprochen werden. Von den übrigen Taufen zeigen eine annähernde Kelch‑form die zu Hanſühn, Amrum, Stepping, Aller, Bolau und Neukirchen i. O. Gänzlich von einander verſchieden, in der Form aber höchſt einfach und ohne beſondere Zier, ſind die Taufen zu Ladelund, Ekwadt, Preetz, Dreisdorf, Wande‑rup, Nübel, Karlum, Atzerballig, Frörup, Oſtenfeld, Fohl und Weſterland a. S. Es genüge ein Hinweis auf die Abbildungen bei Haupt. B. K. D.
Sehr bemerkenswert ſind die Taufſteine zu St. Johann a. F., Munkbrarup und Schottburg. Der Taufſtein zu St. Johann a. F. hat die Form eines un‑regelmäßigen Zylinders, der oben rund, unten von ovaler Form iſt. Um den unteren Rand läuft eine niedere Bogenſtellung. Der Skulp‑turſchmuck zeigt zwei Scenen (Abb. 44). 1. Zwei Löwen in ſymmetriſcher Stellung ſchnappen nach einem zwi‑ſchen ihnen ſitzenden Manne. 2. Zu den beiden Seiten eines Baumes werden zwei Untiere, aus deren Ra‑chen der Kopf und Arm je eines Menſchen ragen, von zwei Rittern, welche mit Schwertern bewaffnet ſind, angegriffen. Die Untiere umſchlingen mit ihren Schwänzen je das Bein eines Ritters. Die Skulptur iſt kräf‑tig, aber roh (Abb. 45). Daß auf eine

Abb. 41. Tſt. zu Wittſtedt, Kr. Hadersleben. H. 85, Dm. 68.

ſorgfältige Arbeit nicht viel Gewicht gelegt worden iſt, erhellt ſchon daraus, daß ein Steinblock verwandt wurde, aus dem nur ein Taufſtein von unregel‑mäßiger Form entſtehen konnte. Was den jetzigen Befund des Taufſteins betrifft, ſo iſt es offenbar, daß der untere Teil abgehauen iſt. Die urſprünglich wohl zugehörige Fußplatte liegt in der Ecke; der jetzige hölzerne Sockel iſt keinesfalls urſprünglich. Man hat darauf hingewieſen, daß die Kirche St. Jo‑hann a. F. von einem engliſchen Baumeiſter erbaut ſei; ferner daß in England ähnliche Taufſteine vorkommen ſollen. Die engliſchen Veröffentlichungen über Taufſteine weiſen, ſoweit ſie zugänglich waren, keine ähnlichen Beiſpiele auf. Englische Taufen aus gleicher Zeit zeigen fast durchgehend normannische Ornamentik und im gegenständlichen der Darstellung ist mir ein ähnliches, im christlichen Sinne zu deutendes Bild nicht vorgekommen. (Über die Deutung der Darstellung s. w. u.) Gerade das Gegenständliche der Darstellungen muß aber eine Handhabe bieten, um Beziehungen aufzudecken, die bisher noch in Dunkel gehüllt waren. Bilder wie z. B. den sagittarius, das Martyrium von Heiligen (Laurentius, Margharete u. a.), die für englische Taufsteine charakteristisch sind, kommen aber an hiesigen Werken überhaupt nicht vor.[1]

Abb. 42. Tst.-Kuppe i. d. kirchl. Samml. d. Flensb. Mus.
H. 64, Dm. 75.

Der Munkbraruper Taufstein hat als Unterbau eine vierkantige Fußplatte. Auf dieser steht eine kurze Säule, die in der ganzen Höhe von einer zierlich durchgebildeten romanischen Bogenstellung umzogen ist (Abb. 46). Die Kuppe hat die Form eines nach unten verjüngten Zylinders; ihr Skulpturschmuck ist reich (Abb. 47); er umfaßt eine Kampfescene zwischen einem Löwen und einem Ritter, sowie eine Doppelarkatur mit den Bildern eines Königs und einer Blume. Den Mittelpunkt der Komposition bildet ein Löwe, der, in gewaltigem Sprung von rechts her, einen Mann am Kopf hält; mit den Pranken

[1] Inwieweit die dänischen, insbesondere die jütländischen Taufsteine eine Beziehung zu England erkennen lassen, wird erst die Arbeit von Herrn Dr. Mackeprang erweisen.

umklammert er ihm Schulter und Brust. Der so Bedrängte, der dem Untier noch sein Schwert in die Brust stößt, wird von dem auf ihm lastenden Gewicht zu Boden gedrückt. Vielleicht sah der Bildhauer in der durch dies Moment benötigten Verkürzung eine Unschönheit: er findet eine Lösung, indem er kühn den Jäger bis auf die Arkatur herab aus der eigentlichen Bildfläche herausschiebt. Nach links reihen sich zwei weitere Kämpfer an; der eine stößt mit beiden Händen dem Löwen das Schwert in die Schulter, der andere bläst in ein Horn und greift zum Schwert. Zwei romanisch stilisierte Bäume geben die Landschaft; auch von hinten wird der Löwe von einem Ritter bekämpft.

Als Lückenbüßer ist am oberen Rande zwischen dem letzten Kämpfer und dem Löwen eine kleine romanische Blattranke angebracht. Es schließt sich an nach rechts eine doppelte Bogenstellung auf gemeinsamer Mittelsäule. In dem linken Bogenfeld steht über einer Brüstung ein König, kenntlich an der Krone und dem Schwert in der Linken. Die rechte Hand ist wie im Redegestus erhoben. Das rechte Bogenfeld zeigt ebenfalls eine Arkaturenbrüstung. Dieser entsteigt eine unten und oben verknotete Blumenranke. Im Zwickel der Bogenstellung noch der Kopf eines Untiers. Die Zier des Fußes ist nur schlecht erhalten. Auf den Seitenfeldern sind noch Spuren von Rankenwerk kenntlich. Die Ecken sind z. t. als Tierköpfe gebildet, die Menschen verschlingen.

Abb. 43. Tst. zu Bostrup, Kr. Hadersleben.
H. 93, Dm. 80.

━━━━━━━━━━━━━━━━━━━━━━━━

Der Taufstein zu Schottburg (Abb. 48) zeigt im Aufbau keine Abweichung. Auf einer quadratischen Fußplatte, deren Seiten romanisches Geranke ausfüllt, mit eingeschlossenen Köpfen auf den Ecken, erhebt sich die Säule und Kuppe. Die Säule wird in gleicher Weise wie zu Munkbrarup und St. Johann a. F. von einer zierlichen Bogenstellung umzogen. Über den vier Ecken der Fußplatte erheben sich menschliche Figuren, bekleidet mit einem langen Rock;

mit den Köpfen reichen fie hinauf bis in den Bildfchmuck der Kuppe. Die Figuren halten in den ausgebreiteten Armen das halbkugelförmige Becken, deffen Schmuck fich befchränkt auf eine niedere Bogenftellung und roman. Rankenwerk im gleichen Charakter wie an der Fußplatte. Wie fchon oben angedeutet, kommt ein gleicher Taufftein im Lande nicht mehr vor. Die Idee aber ift originell. Die häufige Erfcheinung der vier perfonifizierten Para= diefesflüffe oder Evangelien als Beckenträger an den fpätmittelalterlichen Broncetaufen hat hier im formalen Sinne an einem roman. Taufftein ihr Prolegomenon.

Abb. 44. Abwicklung des Tfft. zu St. Johann a. F.

Abb. 45. Tfft. zu St. Johann a. F. H. 76, Dm. 80.

Bei einem Rückblick auf die bei den eben behandelten Granittaufen des Landes vorkommenden Schmuck= formen ergibt fich die Verwendung entweder einfach geometrifcher Formen oder folcher, die teils auf vegetabilifcher, teils auf figür= licher Grundlage gebildet find. Die angedeuteten rhytmifchen Ornamente fetzen fich zufammen aus Bogenftellungen (Typus Kreis Tondern), ineinander greifender Halbbogen (Abel u. f. w.), Rankengebilden (Klanxbüll u. f. w.), blattartigen Schuppen (Uk, Tingleff, Schwefing, Nordhaftedt), gedrehten

58

Strängen (Hürup, Husby, Grundhof u. a.), Rundstäben (Treya, Viöl), Bandformen u. s. w. Die Schmuckformen höherer Gattung bieten gegenständlich und ikonographisch im allgemeinen dasselbe wie die gleichzeitigen Psalterillustrationen. Daß orientalische Motive mit hineingezogen sind in den Kreis der Darstellung, bietet nichts Neues.[1] Die sich gegenüberstehenden natürlichen und phantastischen Tiere mit einem Baum in der Mitte sind

Abb. 46. Tst. zu Munkbrarup, Kr. Flensburg.
H. 111, Dm. 89.

Abb. 47. Abwickelung des Tst. zu Munkbrarup.

ja im Norden nichts Seltenes. Die symmetrische Darstellung zweier Vögel zu den Seiten eines Mittelbaumes kommt vor an den Taufen zu Osterlügum, Nustrup, Bröns. Löwen zu Reisby, Spandet, Hostrup und Düppel; Greife zu Spandet und Reisby; Löwen allein zu Skrydstrup, Spandet, Husby

[1] Anton Springer. Ikon. Stud. i. d. Mitt. d. öster. Centr.-Comm. 1860 Bd. V S. 67. Seesselberg. Die frühmittelalterliche Kunst d. germ. Völker S. 27.

und Groß-Solt; eine Aspis zu Husby, Lintrup und Havetoft; Vögel zu Bettoft, Grarup, Bjerning. ⸎⸎⸎⸎⸎⸎⸎⸎⸎⸎⸎⸎⸎⸎
Im allgemeinen wird man erwarten dürfen, daß an der Taufe, als einem Gerät, welches zur Spendung eines Sakraments diente, Motive verwandt find, welche namentlich eine Deutung im chriftlichen Sinne zulaffen. Darftellungen von Löwe und Greif, die zu beiden Seiten eines Baumes mit offenem Rachen ftehen, ift wohl der Pfalmvers zu Grunde zu legen: «LXXIX V. 14. Exterminavit vineam aper de silva et lingularis ferus depastus est eam. Deus virtutum convertere; respice de caelo et vide, et visita vineam istam». Daß man gerne Löwen und Drachen oder Aspis für die zerftörenden Tiere erwählte, ift leicht verftändlich, da fie es gerade find, die Chriftus als Sieger zu Boden tritt; nach Pfalm 90 V. 13.[1] Zum wenigften möchte der Kuppenfchmuck der Taufen zu Alt-Hadersleben in diefem Sinne zu deuten fein (Abwickel. b. Haupt). Von links eilen Elch und Drache, von rechts Eber und Löwe auf einen Baum zu. Der Ausdruck des «ferus fingularis» konnte nicht beffer illuftriert

Abb. 48. Tft. zu Schottburg, Kreis Hadersleben. H. 82, Dm· 66.

werden. Einen weiteren Beleg für die gleiche Stelle bietet ein mittelalterlicher Grabftein im Flensburger Mufeum. Hier fchnappen zwei Untiere, deren Köpfe aus den Ecken hervorfchießen, nach den Wurzeln eines Baumes (Abb. 49). ⸎
Ob die Jagdmotive, wie fie fich an den Taufen zu Lintrup und Feldftedt finden, im Seefelbergfchen Sinne als eine Verquickung von altgermanifchen Tierbändern und orientalifcher Baumanbetung zu geben find, erfcheint mir unwahrfcheinlich. Sicherlich ift mit Sorgfalt jedes Moment ins Auge zu faffen,

[1] Vgl. Bull. Monum. Ser. I vol. VIII. S 489. Goldfchmidt, Albani-Pfalter S. 61. ⸎⸎⸎⸎

das für Übernahme und Neubelebung alter germanischer Formen sprechen könnte. Aber eine Zeit, die einen werktätigen Glaubenseifer im Kirchenbau aufweist, wie bei uns das ausgehende 12. und 13. Jahrhundert, mußte notwendig auch in den plastischen Werken eine Ausdrucksweise finden, die nur das Korrelat von kirchlichem Geiste und Wirklichkeitssinn darstellt. Wir fassen die Jagdbilder zu Feldstedt, Lintrup, die Schweineherde zu Düppel, ebenso die Kampfesscenen zu Föhr und Munkbrarup so auf: Ihre Deutung darf wohl nur aus dem reichen Schatze der mittelalterlichen Bildersprache heraus in christlich symbolischem Sinne erfolgen. Immerhin ist die Deutung schwierig genug und sie soll nur vermutungsweise mit allem Vorbehalt gegeben werden. Die Jagdbilder zu Feldstedt und Lintrup und das Bild der Schweineherde zu Düppel sind vielleicht Monatsdarstellungen. Zu Düppel ist der Oktober dargestellt, in welchem die Schweine auf die Eichelmast getrieben werden, und zu Feldstedt und Lintrup beziehen sich die Darstellungen auf den September, den Monat der Jagdfreuden. Bemerkenswert ist es immerhin, falls die gegebene Deutung Anklang findet, daß entgegen den üblichen Gepflogenheiten Monatsbilder nicht cyklisch auftreten, und zwar, wie hier am Taufstein. Erklärlich wird mir diese Erscheinung nur durch die Annahme, daß der Steinmetz an irgend einem Vorbild, vielleicht an einer Miniatur, seine Freude hatte und in primitiver Schaffenskraft das neue Motiv in frischer Natürlichkeit, wie zu Lintrup, in die Kuppenwandung meißelte. Auch der strengste Kleriker konnte in einer solchen, dem täglichen Leben entliehenen Bildersprache, keine Profanierung eines Sakramentsspenders erblicken. Denn nur der Sinn, welcher der Darstellung zugrunde lag, war das wesentliche: Im Verblassen und Schwin-

Abb. 49. Roman. Grabst. Kirchl. Sammlg. d. Flensburger Museums.

den und Wiederaufleuchten der Himmelslichter, im Gehen und Kommen der Jahreszeiten erblickte schon Tertullian ein Abbild des Menschen und eine Garantie für die Unsterblichkeit seiner Seele und die einstige Auferstehung der Leiber.[1] Spricht diese Deutung als Monatsbilder nicht an, so ist immer noch zu bedenken, daß Hasenjagden oft vorkommen und symbolisch häufig als die Verfolgung der Gläubigen durch den Teufel aufzufassen sind. Aus demselben Geiste heraus ist die Deutung zu geben für die übrigen Skulpturen an den Wandungen der Taufen zu Feldstedt, Föhr und Munkbrarup. So sehen wir zu Feldstedt, wie Jonas ins Meer geworfen wird und zu Norderlügum, St. Johann a. F. und zu Munkbrarup den Kampf der der Macht der Sünde verfallenen Menschheit und ihren Ruf um Erlösung. Der bedrohte Mensch, nach welchem auf dem Taufstein zu Norderlügum ein Drache, zu St. Johann a. F. zwei Löwen schnappen, dient zur Illustration des Rufes: «Deus in adjutorium meum intende.»[2] Die Rettung naht in der Gestalt der Ritter, die auf der anderen Bildseite den Untieren mit dem Schwerte den Garaus machen. Zu Munkbrarup ist die Scene etwas weiter ausgeführt. Hier ist ähnlich wie auf der Säule in der Krypta des Freisinger Domes, der Kampf zwischen vier Rittern und einem Ungeheuer dargestellt (siehe oben). Die Erlösung ist wiederum ausgesprochen in der Gestalt des Königs, der als adjutor ein Schwert in der Hand hält, und in der Blumenranke des zweiten Bogens, als der Illustration zu «et refloruit caro mea» Ps. 27. Demselben Gedankenkreis gehören die Ungeheuer am Fuße an. Auch hier also soll der leibliche Kampf uns erinnern an den geistigen, den wir beständig gegen das Böse zu kämpfen haben. In den Erscheinungen, die wir «corporaliter» an ihnen wahrnehmen, sollen wir die «spiritualiter» entsprechenden in uns aufnehmen und beherzigen. So erhält die scheinbar äußerliche Darstellung ihren lehrhaften Wert.[3] Dem gleichen Gedanken verleihen Ausdruck das Tympanon zu Hörup (zwei Löwen schnappen nach einem Kopf) und die Köpfe im Rachen eines Ungeheuers auf dem inneren Schlußstein des Portals zu Munkbrarup und auf einem Portalkämpfer zu Bügum. Was noch an sonstigen Motiven christlicher Symbolik vorkommt, läßt sich kurz anführen: Ein wechselnder Rhytmus von Kreuz und Kreuzblumen an der Kuppe zu Rüllschau, Kreuze an den Füßen der Taufen zu Riseby, Süderbrarup und Bröns; und das agnus Dei zu Husby, Hürup u. a. O.

[1] Sauer. Symbolik des Kirchengebäudes. 1902. S. 266. [2] Vgl. Goldschmidt a. a. O S. 67.
[3] Goldschmidt a. a. O. S. 50 u. Migne, Patrologia Vol. 172 S. 567.

Die behandelten Skulpturen zeigen also in ihrem Charakter durchgängig ein christliches Gepräge. Und das ist nicht zu verwundern. Wie sollte man annehmen, daß alle diese Tiere und Configurationen, daß alle diese phantastischen Kämpfe dem Geistlichen jener Zeit ein nichtssagendes Ornament waren.
Über die Datierung der granitenen Taufsteine ist nicht viel zu sagen. Urkundliche Belege gibt es keine, und Ornamente, denen nur im allgemeinen der romanische Charakter anhaftet, wird man wohl kaum für eine genaue zeitliche Festlegung heranziehen können. Den Taufsteinen stets eine gleichzeitige Entstehung mit den Kirchen zu geben, ist auch nicht angängig, weil eine derartige Festsetzung nur auf Vermutung beruht. Auch dürfte bei solcher Annahme das Bild um nichts klarer erscheinen, da bezüglich der Kirchen ein sicheres Ergebnis noch nicht vorliegt. Wir begnügen uns daher mit den Ergebnissen, die erzielt werden aus einem Vergleich der Taufsteine untereinander im formalen Sinne. Es ist dann wohl als sicher anzunehmen, daß einzelne Taufsteine, die oben zu Typen zusammengestellt sind und teilweise ja ein vollständig übereinstimmendes Bild geben, sowohl eine gleichzeitige Entstehung, wie auch gleichen Ursprung haben. Von denjenigen Taufsteinen, die vollständig miteinander übereinstimmen, wie z. B. Grarup und Bestoft u. a. m., darf wohl angenommen werden, daß sie auch von gleicher Hand stammen. Was nun den Ursprungsort unserer mittelalterlichen Granittaufen betrifft, so hat für die größeren Typen die Annahme einer heimischen Werkstatt viel Berechtigung. Zwingende Gründe für die Annahme einer Einfuhr liegen nicht vor, wenigstens hat ein Vergleich mit den Werken anstoßender Landgebiete hierzu keinen Anlaß geboten. Bei vereinzelt vorkommenden Formen ist die Entscheidung schon schwieriger zu treffen. Es ist damit zu rechnen, daß eine individuelle Schöpfung wohl ebenso annehmbar ist, als die Möglichkeit eines Importes. Um in dieser Hinsicht etwas Licht zu geben, war ein Vergleich mit den Taufsteinen benachbarter Länder unerläßlich, zumal da ja auch im ersten Teil der Arbeit ein mannigfacher Import nachgewiesen ist. Für die Granittaufen galt es besonders, die Beziehungen zu den dänischen Taufsteinen zu erkennen und klarzulegen, zumal da ja von Dänemark in erhöhtem Maße gilt, was hinsichtlich der mittelalterlichen Kunst in Schleswig offenbar ist. Von 1700 Taufen sollen dort etwa 1500 aus mittelalterlicher Zeit stammen. Daß im Grenzgebiet mit der Grenzlinie keineswegs eine reinliche Trennung der Taufsteintypen vorliegt, braucht nicht der Erwähnung. So greift der Arkadentypus nach Jütland hinüber und zieht sich etwa vom Amt Kolding

und Veile schräg hinunter nach Tondern. Daß dieser weit verbreitete Typus im Lande angefertigt wurde, ist sehr wahrscheinlich. Über die Werkstatt wissen wir nichts, doch ist wohl die Entstehung dieses Typus an ein regelrechtes Steinhauergewerbe gebunden gewesen. Eine lediglich klösterliche Werkstatt kann unmöglich diese Fülle von Granittaufen= und Skulpturen gefertigt haben. Darüber, ob der Granit der heimischen Werkstatt von großen Granitbrüchen oder den im 12. und 13. Jahrhundert jedenfalls noch zahllosen Findlingen herstammt, wissen wir auch nichts. Ein beschränkter Handel von den Inseln zum Festlande ist jedenfalls auch mit Granittaufen betrieben worden. Von zwei granitenen Taufsteinen in Angeln ist es ziemlich feststehend, daß sie aus Fühnen eingeführt sind: Es sind dies die zwei Tauf= steine zu Hürup und Grundhof (Abb. 30 u. 31); sie gehören beide zu einem Typus, der besonders im nördlichen Fühnen und im Kreis Randers, in Djursland, vor= kommt.[1] Die beigedruckte Abb. 50 zeigt den Taufstein zu Melby, Skov= by Her. auf Fühnen. Die Überein= stimmung mit dem Taufstein zu Hürup erhellt aus einem Ver= gleich. Für die Möglichkeit, daß der Bildhauer, der den Melby= Typus auf Fühnen schuf, seine

Abb. 50. Tst. zu Melby a. Fuhnen.

Werkstatt auch hier im Schleswigschen aufschlug, scheinen keine zwingende Gründe zu sprechen. Auf einen Import weist auch die Form des vierkantigen Fußes am Taufstein zu Grundhof hin. Ein schlichter Würfelfuß kommt nicht wieder vor in Schleswig=Holstein, er ist aber typisch, wenn auch nicht gerade für den Melby=Typus, so doch für eine Gruppe jütländischer Taufsteine. Die Form und sehr charakteristische Ornamentik der beiden Angler Taufen sprechen für die Zugehörigkeit zum Melby=Typus und deshalb für eine Einfuhr aus Fühnen. Was nun die weiteren Beziehungen der schleswigschen Taufsteintypen zu den

[1] Conf. Storck: «Grenaa egnens Kriditenskirker», Kphg. 1896, der Abbildungen von Taufsteinen des gleichen Typus gibt zu Karleby Tfl. 6, Hammeløft Tfl. 12, Lyngby Tfl. 25.

dänischen anbelangt, so kann von einer Abhängigkeit im formalen Sinne nicht die Rede sein. Mit anderen Typen wechselt in Jütland auch die Ornamentik und das Gegenständliche der Darstellung. Beziehungen zu England wird man in jütländischen und schwedischen Taufsteinen aufdecken können. Die mittelalterlichen Granittaufen aus dem Schleswigschen bieten zu Ausführungen in dieser Hinsicht keine Handhabe. So darf man die vielen, zu kleinen Typen zusammengestellten Taufsteine als ein wechselvolles Bild einer heimischen Steinplastik auffassen, die in ihren Formen und ihrer Ornamentik ein durchaus eigentümliches Gepräge aufweist. Auch die zahlreichen im Aufbau und Schmuck nur einmal vorkommenden Taufsteine, wie zu Husby, Wonsbeck, Schottburg, Munkbrarup, St. Johann a. F., Wittstedt u. a. m. sind individuelle Schöpfungen, zu denen sich gleiche Erscheinungen in Dänemark noch nicht gefunden haben; ob sie ganz frei von nordischen Einflüssen sind, ist noch nicht geklärt. Das Rankenband am Taufstein zu Husby entbehrt nicht der nordischen Anklänge, gleichfalls scheint in dem Widderkopf am Fuß des Taufsteins zu Wonsbeck ein Hinweis zu liegen auf Beziehungen zu Gotland, s. S. 26. Wie dem auch sei, es sind die mittelalterlichen Taufsteine Schleswigs beachtenswerte Zeugen aus der Blütezeit eines heimischen Gewerbes in mittelalterlicher Zeit.

Es wäre noch mit ein paar Worten der Verteilung der Taufsteine im Lande zu gedenken. War das Thema auf die politisch einen Begriff bildende Provinz Schleswig-Holstein ausgedehnt, so lehrt uns ein Versuch, kartographisch die Typen der mittelalterlichen Granittaufen zu fixieren, daß diese nur im ehemaligen Herzogtum Schleswig vorkommen; was sich in Holstein findet, ist künstlerisch bedeutungslos. Ob die mittelalterlichen Granittaufen Holsteins ähnliche Typen gebildet haben, steht nicht fest. Daß es mittelalterliche Taufsteine auch in Holstein gegeben hat, unterliegt keinem Zweifel; sie sind aber bei den stetig regen Wechselbeziehungen zum Süden verloren gegangen, ausgetauscht gegen Erztaufen und Taufen der Renaissance- und Barockzeit. Schleswig blieb mehr mittelalterlich konservativ. Ein gleiches Bild, wie es die mittelalterlichen Taufen des Landes bieten, spiegelt sich ja in der Architektur und in der Holzplastik des Landes wieder. Die Anzahl der romanischen Kirchen in Holstein verschwindet gegen die große Zahl der Kirchenbauten aus romanischer Zeit im Schleswigschen. Altarbekleidungen, Dreisitze, Kreuzgruppen, Kruzifixe aus romanischer Zeit stammen überwiegend aus Schleswig.[1] Matthaei schreibt a. a. O. S. 204 über die Entwickelung der Holz-

[1] Matthaei a. a. O. S. 220.

plaſtik von circa 1200 bis zum Ausgang des 13. Jahrhunderts: «Was die Herkunft anlangt, ſo ſei hier ſchon bemerkt, daß faſt ſämtliche erhaltenen Arbeiten den Dänemark benachbarten Landesteilen, alſo dem nördlichen Schleswig und dem nordfrieſiſchen Küſten= und Inſelgebiet entſtammen.» Die Karte, welche am Schluß beigefügt iſt, mag die Verhältniſſe, wie ſie für die Verteilung der Taufſteine gelten, veranſchaulichen.

Quaderſtein i. d. Kirche zu Satrup i. A.

Nachdem wir den erſten Äußerungen der mittelalterlichen Kunſt in Schles= wig=Holſtein an den Taufſteinen nachgegangen ſind, erübrigt es, die ge= wonnenen Ergebniſſe kurz zuſammenzufaſſen. Es konnte nachgewieſen werden:

    I. daß die Taufen aus ſchwarzem Marmor den Brüchen Namurs ent=
ſtammen. Es kommen drei Typen vor. Zu dieſen drei Typen finden
ſich Gegenſtücke am Niederrhein. Zeitlich verteilen ſich dieſe Typen
auf das 12. bis 15. Jahrhundert.

   II. daß die Sandſteintaufen zu Keitum a. Sylt und Witting einem Doppel=
typus angehören, der zahlreich in Weſtfalen, Hannover etc. vertreten
iſt und der wahrſcheinlich in Gildeshauſen oder Bentheim zur Aus=
bildung gelangte im Anfang des 13. Jahrhunderts.

III. daß aus der Reihe der gotländischen Kalksteintaufen ein großer Typus hervorsticht, der im ganzen Lande vorkommt, vorzugsweise in den Kirchen des Übergangsstiles. Es lassen sich Gegenstücke nachweisen an der ganzen Ostküste bis nach Memel, auf Gotland, in Schweden und Dänemark. Auch für die vereinzelt vorkommenden Formen finden sich auf Gotland und in Schweden Gegenstücke, sodaß im allgemeinen Gotland und nicht Lübeck als Entstehungsort angenommen werden durfte.

IV. das Vorkommen zweier großer und mehrerer kleiner Typen der Granittaufen. Eine beschränkte Anzahl Taufen schließt sich keinem Typus an. Die Skulpturen zeigen überwiegend ornamentale Durchbildung, vereinzelt auch figürliche Motive. Diese sind dem christlichen Formenschatz entlehnt und im allgemeinen symbolisch aufzufassen. Zur Erklärung dieser Skulpturen dienen, wie Goldschmidt nachwies, die Psalterillustrationen; in ihnen mag auch für die figürlichen Configurationen an unseren Taufsteinen die Bildquelle gefunden sein. Ein Taufstein trug Runen. Die Ausführung der Skulpturen war durchweg roh und handwerksmäßig, teilweise aber auch sauber und schön. Im Aufbau herrschte die größte Mannigfaltigkeit. Fast alle Taufsteine wurden als heimische Werke angesprochen, nur zwei wurden als eingeführte Werke aus Fühnen erkannt. In Holstein ließ sich an Granittaufen nichts von Bedeutung nachweisen; besonders reich ist Nordschleswig.

Abb. 52. Roman Grabst. a. Sörup. Kirchl. Sammlg. d. Flensburger Museums.
l. 1,85, Br. 62, H. 28.

A. Ortsverzeichnis.

A.
Abel 53.
Adelby 20, 21.
Aggerschau 37.
Aller 55.
Althadersleben 40, 41.
Amrum 55.
Anklam 23.
Atzerballig 55.

B.
Ballum 6, 7.
Bannesdorf 22.
Bargum 37.
Barkau 20, 21.
Bau 39.
Bedstedt 54.
Beftoft 40, 63.
Behlendorf 20, 24.
Bergenhusen 15.
Bjerning 39.
Bleckendorf 20.
Boel 20.
Boisheim 12.
Borby 27, 29.
Bordelum 15.
Boren 37.
Born 12.
Bosau, 4, 55.
Braderup 20.
Branderup 37.
Breklum 20.
Brede 49, 50.
Broacker 54.
Brodersby 37.
Bröns 53.
Büchen 19.
Bülderup 20.

D.
Dahler 51.
Deezbüll 54.
Dinant 14.
Döstrup 49, 50.
Drelsdorf 50, 55.
Düppel 51, 61.

E.
Eggebeck 19, 20.
Eikelberg 22.
Eken 21, 22.
Ekwadt 55.
Enstedt 52.
Emmelsbüll 20.
Emmerleff 37.
Erfde 25.
Euskirchen 12.

F.
Feldsted 43, 61, 62.
Fjellstrup 39.
Flemhude 20.
Flensburger Museum 53.
Fohl 55.
Föhr St. Johann 55, 61, 62, 63.
„ St. Nicolai 20.
Freckenhorst 3.
Friedrichstadt 15.
Friesheim 12.
Frörup 55.

G.
Gnisiau 20.
Gramm 49, 50, 51.
Grarup 40, 63.
Grevesmühlen 22.
Großenwiehe 37.
Grundhof 44, 45, 64.
Güstrow 22.

H.
Haddeby 19.
Hagenberg 37.
Hamberge 20, 21, 24, 35.
Hammeleff 39.
Handewitt 49, 50.
Hansühn 37, 54.
Hatstedt 20.
Havetoft 44, 48.
Heiligenhafen 20.
Hellewadt 38.
Hjerndrup 38.
Hjertlng 37.

Hohenkirchen 22.
Hohenwidsteln 22.
Hohn 20, 21, 22.
Hohenstein 20.
Hoirup 21.
Hoist 50, 51.
Hollingstedt 15.
Hoptrup 54.
Hörup 37.
Horsbüll 49, 51.
Hostrup 51.
Hoyer 8.
Hügum 20.
Humptrup 49.
Hürup 44, 45, 64.
Husby 44, 45, 46, 47, 53, 65.

J.
Jdgerup 49, 50.
Jels 37.
Jerpstedt 49, 50, 51.
Joldelund 37.
Jordkirch 37.
Jörl 20.
Itzehoe 4.

K.
Kahleby 44.
Kalkhorst 22.
Karby 44.
Karlum 55.
Katharineheerd 15.
Keitum 16.
Kekenis 37.
Kirkeby 23.
Klanxbüll 53.
Klixbull 37.
Klütz 22.
Knutby k. 26.
Koiel 37, 44.
Kotzenbüll 12.
Krokau 37.
Kropp 37.

L.
Ladelund 55.
Leck 51.

U.
Ungeheuer mit Menſch 57, 62.
Unterwelt 30.

V.
venationes 29.

W.
Waldemar 35.

Warnſtedt 4
Weihwaſſerbecken 35, 37.
Wert Aus'm 11, 37.
Willers 29.
Willibrord 3.
Wimmer 54.
Wisby 25.

C. Verzeichnis der Abbildungen.

Abb. 1. Tauſſtein zu Ballum.
    2.   Boyer.
    3.   Ülvesbüll.
    4.   Witzwort.
    5.   Dinant.
    6.   Friedrichſtadt.
    7.   Keitum a. Sylt.
    8.   Witting.
    9.   Weſterhever.
  10.   aus Boirup (Flensb.Muſ.).
  11.   zu Haddeby.
  12.   Kl. Solt.
  13.   Satrup i. A.
  14. 15.   Sörup.
  16. 17.   Borby.
  18. Weihwaſſerbecken a. Sörup (Flensb. (Muſeum).
  19. Tauſſtein zu Hellewadt.
  20.   Skrave.
  21.   Grarup.
  22.   Alt-Hadersleben.
  23.   Wonsbeck.
  24. 25.   Lintrup.

Abb. 26.   Tauſſtein zu Satrup i. S.
  27. 28.   Feldſtedt.
  29.   Nordlügum.
  30.   Bürup.
  31.   Grundhof.
  32. 33.   Busby.
  34.   Havetoft.
  35.   Gr. Solt.
  36.   Treya.
  37.   Bredebro.
  38.   Reisby.
  39.   Düppel.
  40.   a. Quars.(Flsbg.Muſ.)
  41.   ., zu Wittſtedt.
  42. Tauſſteinkuppe im Flensb. Muſ.
  43.   Tauſſtein zu Hoptrup.
  44. 45.   St. Johann a. Föhr.
  46. 47.   Munkbrarup.
  48.   Schottburg.
  49. Grabſtein im Flensbg. Muſ.
  50. Tauſſtein zu Melby a. Fühnen.
  51. Quaderſtein a. d. K. zu Satrup i. A.
  52. Sargdeckel a. Sörup (Flensbg. Muſ.).

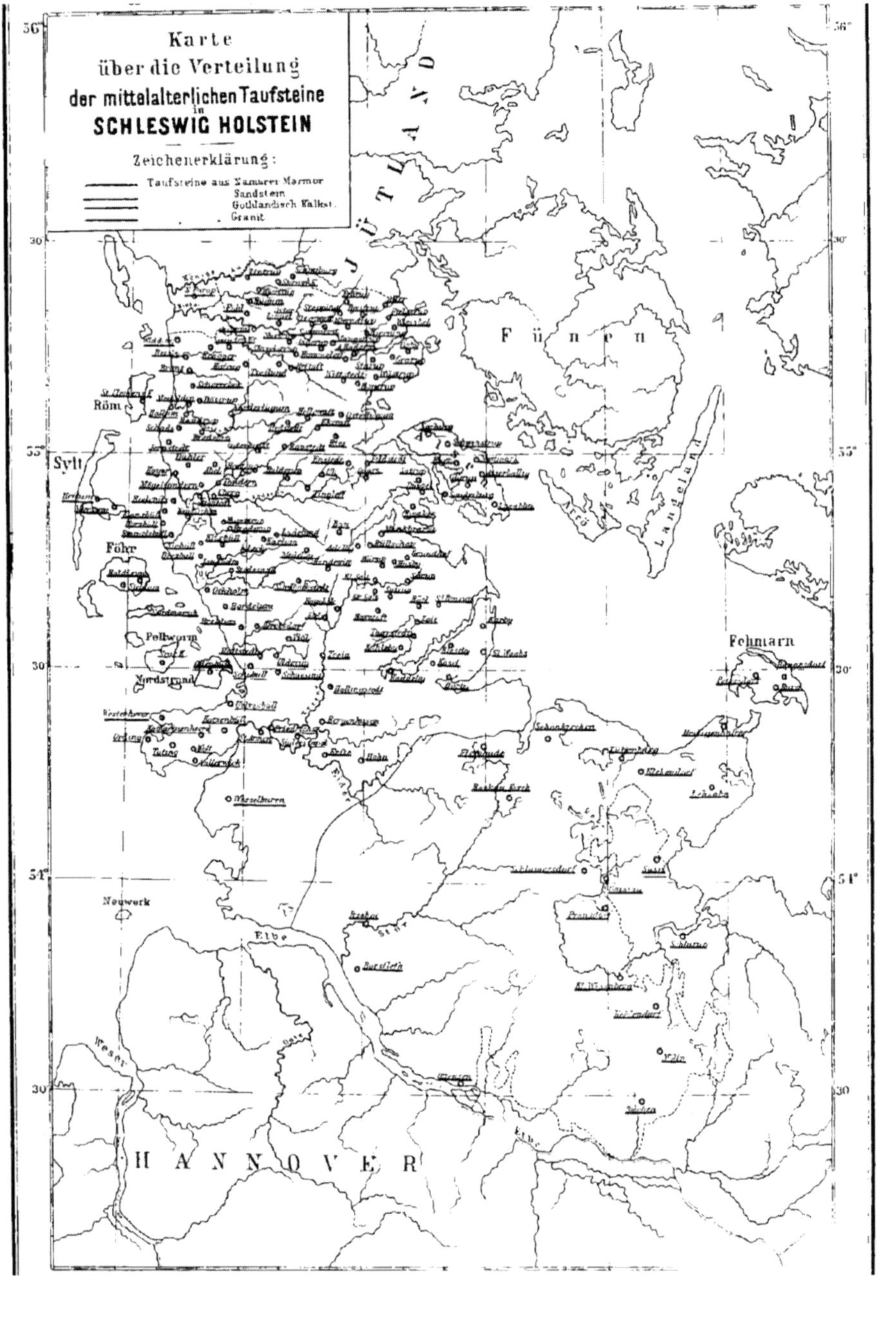

Karte
über die Verteilung
der mittelalterlichen Taufsteine
in
SCHLESWIG HOLSTEIN
Zeichenerklärung:
Taufsteine aus Namurer Marmor
Sandstein
Gothlandisch Kalkst.
Granit
JÜTLAND
Fünen
Langeland
Sylt
Röm
Föhr
Pellworm
Nordstrand
Fehmarn
Neuwerk
Elbe
Weser
HANNOVER